文库

夏山学校的百年故事

献给当代的教师、校长和家长

SUMMERHILL AND A.S. NEILL

[英]马克·沃恩 编著

沈 兰 译

教育科学出版社

·北 京·

译者前言

试想一下有这样一所学校——"在那里，爬树和搭个小窝的重要性绝不亚于分数。在那里，如果想的话，你可以冲着老师大喊大叫。在那里，规范日常生活的各项规定是由大家一起民主协定的。在那里，如果孩子想的话，他们可以整天玩耍……"

看到这里，我想大多数的教育工作者与家长都会认为这大概是孩子们幻想中的学校。事实上，它却是一所真实的英国学校，而且已经存在了近百年。1999 年 12 月 31 日英国《泰晤士报》将夏山学校校长尼尔（A. S. Neill）评选为 20 世纪最具影响力的 12 位教育家之一。这足以证明夏山学校这所百年老校，其办学理念时至今日仍领先于这个时代。

夏山学校创办于 1921 年，是一所规模不大的私立寄宿制基础教育学校，创办之初只能容纳几十名学生，时至今日也只接纳一百多名学生。然而它是进步主义民主教育的实践典范，被称为"世界上最古老的儿童民主学校"，其创办人尼尔和他的夏山学校对英国本土及国外的教育系统产生了重要的影响。尼尔的办学理念与实践深深影响着一代又一代的校长、教师和 家长。同时，学校的教育哲学也吸引了国际上众多教育家。

对于成长到入学年龄的儿童，家长和社会都一致关心他们是否会认字、写字、算术，老师们也习惯于用学业成绩衡量儿童成长发展的好与不好，当然同时，我们也希望他们的童年是幸福和快乐的。然而在现实中，这仿佛是鱼与熊掌，往往不可兼得。我们的孩子总是为了学业的优异放弃了自己的游戏时间、与同伴交往的时间、了解大自然与社会的时间、无所事事发呆的时间。更可惜的是，他们放弃了了解自己的性格特长与发展兴趣爱好的时间。我总是在想：他们是否放弃了更为宝贵的东西去追求学业优异？

从终生发展的眼光来看，一个孩子除了适应社会、学校、家长期望带来的学习要求和压力，我们更希望他们能最大程度地找到从内心里激励他们的学习动机，能学会自信地生活、发挥自己的创造力，来为他们一生的幸福感奠定基础。

让学校来适应孩子——而不是让孩子去适应学校。这是夏山学校基于对孩子善良天性的信任所坚持的办学信念，历经近一个世纪从未动摇。因此，夏山学校可能是世界上最快乐的学校了。这儿没有旷课，也很少有学生会想家。校长尼尔提出的很多观点，比如关于孩子如何学习，处于权威地位的大人们该怎样对待孩子们和年轻人，以及在学习过程中游戏的重要性等，都是基于对孩子们的观察，与他们共同生活时摸索出来的。他向全世界的学界证实了真正的民主进程作为积极的学习经验所带来的益处。

在夏山学校，孩子的成功不是用学业成就来衡量，而是按照孩子自己对成功的定义来衡量。孩子们应该过他们自己的生活——既不是活在那些望子成龙的家长们的期待中，也不是那些自认为知道什么是对孩子最好的教育家为他们设定的目标中。所有这些来自成人世界的干涉或指导只会培养出一代机器人。

当然，让学校适应孩子的理念并不那么容易坚持。英国教育标准办公室通过标准化督察，用一系列教育标准评估夏山，并威胁要关闭夏山学校，而夏山学校则对评估标准提出异议，并将教育标准办公室告上法庭（本书对此进行了详细的记载）。在这场斗争中，夏山学校强调其在英国以及海外的重要性，得到了来自全国乃至全球的广泛支持。事实已经很清楚，夏山学校已经不仅仅是一所具有独特理念的经得起时间考验的学校，而且也是仍活跃在世界教育史上的学校。官司结束后，英国大多数报纸和全国性的电视台都报道了这件事——它们头版头条告诉人们：夏山学校胜诉了。

夏山学校实行的弹性上课制、不分级学校制以及在学校各项生活中采用学生自主管理等做法至今仍领先于这个时代。如今，我们更需要夏山学校的存在，因为不少的学生都受制于狭隘的课程与密集的课堂教学而筋疲力尽，甚至在某些教育环境中考试成绩至上的情况愈演愈烈，相比之下，夏山学校为现行的教育提供了另一种教育模式。

夏山学校的办学理念也充满着对强烈的人文精神，强调孩子的人格与品性成长远远比学业优异更为重要。这也是译者翻译此书的初衷。在书中，尼尔振聋发聩地呼吁道：

> "要是我们的土地上充斥着各种仇恨，身为教育者的我们又怎么可能躲在小小的象牙塔里，心安理得地过着自己桃花源般的生活呢？到了这里你能就会明白为什么我一直强调考试、课堂、书本学习不是教育的真谛。有些问题我们无法回避：希腊文、数学和历史不是家庭和睦的保证。夏山学校的未来并不重要，重要的是夏山学校提倡的人文精神的未来至关重要。我们必须为后人创造一个能自由成长的环境。自由是爱的保证，而只有爱是整个世界的希望。"

本书的翻译是在我女儿出生前后，非常感谢王君英参与了本书第四、第五章的部分翻译，此外，衷心地感激汪菊，在我忙于照顾婴儿的期间，她认真校对和修订了本书的所有译文。

从这本书中我和我的先生也了解到了许多为人父母之道，在为孩子的教育问题焦虑的时候，我们也相信书中写的那样："组织一个家庭是非常有趣的事，完全不用像很多家长想的那样麻烦。只要有足够的常识、幽默感，平等地对待孩子，同时又记住他们的世界与成年人的不同，那么你就不会遇到小孩子的乱发脾气和青少年的叛逆。你将每天生活在一个到处都是朋友的安谧环境中，而不是像我们平日常见的争吵不断。"

沈　兰

2011 年 2 月

上海市教育科学研究院

目录

编 者 序

夏山学校是世界上最古老的儿童民主学校。这所由 A. S. 尼尔于 1921 年创办的学校，至今仍领先于它目前所处的时代。该学校积累了许多值得那些由政府创办的主流学校学习的教育实践经验，这些经验也为世界各地的家长就如何养育子女这一问题带来诸多启示。

下面的这段学校介绍来自夏山学校的现任校长，其创办人的女儿佐薇·尼尔·里德黑德（Zoë Neill Readhead）：

试想一下有这样一所学校……

● 在那里，爬树和搭个小窝的重要性绝不亚于分数。

● 在那里，如果你想的话，可以冲着老师大喊大叫。

● 在那里，规范日常生活的各项规定是由大家一起民主协定的。

● 在那里，如果孩子想的话，他们可以整天玩耍……

本书的开篇是由蒂姆·布里格豪斯（Tim Brighouse）所撰写的引言。他曾是伯明翰市和牛津市的教育局局长，基尔大学（university of keele）的教育学教授，目前他是伦敦学校委员会委员，同时他也是 A. S. 尼尔夏山基金的赞助人。

本书接下来的一些篇幅将向读者展示 A. S. 尼尔本人的一些论述。我们引用了他本人的著作《夏山学校》（*Summerhill*）的第一章内容。在过去的 40 多年里，这本介绍夏山学校在 20 世纪 60 年代这段时期大致情况的著作已在全世界范围内售出了数百万册。

紧接其后的纪实报告出自尼尔的女儿佐薇·尼尔·里德黑德的笔下，她自 1985 年开始担任夏山学校的校长，应邀与读者们谈谈夏山学校在当今社会的重要性。佐薇本人以及她的四个孩子，都曾在夏山学校就读，目前，她的两个孙辈孩子也正在夏山学校学习。

伊恩·斯特罗纳克（Ian Stronach），曼彻斯特城市大学的教育系教授，在本书中讲述了一项针对夏山学校著名的督察工作，这次审查的结论引发了学校与英国政府教育与就业部之间的法律纠纷，这起风波最后以夏山学校于 2000 年在位于伦敦的皇家法庭上的获胜而告终。

图 1　夏山学校

今日的夏山比以往任何时候都要强大。在英国政府部门的督察工作中，夏山学校可能是国内最受保护的学校了；英国政府的学校督察机构——英格兰教育标准办公室（Office for Scotland in Education，OFSTED）——曾被迫中止其试图关闭夏山学校的行动，夏山学校的自由式学校教育（free-school education）得到了民众的支持。一场世界范围内、旨在通过维护学校以及学生权利来为夏山辩护的活动最终获得了胜利。

一件颇具代表性的事件就是：在 2005 年，夏山学校的网站每个月的点击率达到了 8 万次。在学校网站的首页，你可以看到以下这段话。

夏山学校的目标可以归纳为如下几点：

- 给予孩子们自由，让他们按照自己的意愿成长。
- 给予孩子们权利，让他们能掌控自己的人生。
- 给予孩子们时间，让他们能够自然地成长。
- 给予孩子们快乐的童年，保证他们不会感受到成人制造的压制和恐惧。

本书中所讲述的故事、观点、教育价值标准以及学校的实践令人心悦诚服，并且这些对当今世界的教育系统也有重要的价值。

在教育机构中，我们该如何对待孩子才能引导他们进入学习的状态并开始学习？如果夏山学校的观点能被家长们接受，并运用于日常对子女的照料中，这会给孩子带来怎样的影响？

如今我们都觉得教师对学生进行体罚是一种野蛮的行为，并且很高兴地看到，在英国，这种行为在 20 世纪 90 年代末于校园中绝迹；然而自夏山学校建校以来的 85 年中没有任何一个孩子曾遭受过体罚。我们可以从很多例子中清楚地认识到尼尔是如何对待和教育儿童与青少年的，建立一个不允许体罚的学校（第一次世界大战刚刚结束）正是其中一个很好的范例。

本书试图向读者们说明夏山学校有很多值得其他公立学校（和私立学校）学习的经验。在夏山众多行之有效的做法中，有两点非常独特。第一，夏山的学生可以自由选择他们想要学习的科目，并且自由安排学习和玩耍的时间。这些学生日后都成为了全面发展、受过良好教育的年轻人。他们自尊、自信、对自身有足够的认识，融入主流社会后的生活依旧令人满意，他们能胜任自己的工作，承担各自的社会角色，对生活也充满热情。

第二，真正的民主参与精神（我们经常能在政府所制定的教育目标中听到这个词），这是夏山学校所独有的。学校的例行会议就是到访者见证这一点的绝佳机会，它为夏山学校的每一个成员都提供了一个发表自己观点和争鸣的平台，由此可能诞生新的校规，校园生活的未来也在这里得到规划。如果公立学校能够像夏山学校一样将民主融入学生日常生活中，哪怕只是做到一小部分，那么对整个国家的教育系统来说也是一个飞跃，同时也将改善我们和学生之间的关系，使其更为健康。

夏山学校常将自己注解为"世界上最古老的儿童民主学校"，这一说法至今看来仍十分准确。夏山的创办人尼尔的想法和做法简单明了——**"以孩子为本"**（follow the child）——在佐薇·尼尔·里德黑德的领导下，学校自始至终贯彻了这一做法。她向读者所表达的最关键的想法就是：这些年来，孩子本身并没有改变，如果教师、家长以及其他教育工作者能不断开发利用这个最基本、达观的做法，那么不论是在教育或儿童保育方面，我们都会看到更多卓有成效的结果。

　　本书讲述的是一所位于英国的独立学校，这所学校规模不大却在世界上享有盛誉。这所学校将继续与所有关心孩子们如何学习、彼此之间如何相处、如何与成人相处的人们分享它的经验。这些年来，尼尔的许多著作不断地被翻译成各种不同的语言在世界各地出版。希望通过本书，能够让英国和其他各国的读者了解和熟悉夏山学校。

马克·沃恩
Mark Vaughan

第一章　引　言

蒂姆·布里格豪斯
Tim Brighouse

罗伯特·洛 (Robert Lowe) 于 19 世纪 60 年代在《学校修正法案》中引入"绩效考核机制"(payment by results) 这一做法，其后的数十年里，公立学校一直被这种严苛的督学制度所制约。该制度通过对一所学校学生大致基本的读、写、算能力进行抽查，来决定该学校获得政府的财政拨款额度。

即使在那一时代结束后，或许是习惯成自然，大多数学校仍然维持着这种沿袭国家教育行政部门规定的正统做法。在小学教育中，人们还是功利主义地将关注点放在那些基本的读写算上，新建成的文法学校的课程设置也是以我们所熟悉的那些知识性学科为主。直到"二战"结束，公立学校才走出那个时代的阴影，开始在课程的解读与选择以及学校的组织管理形式方面进行各种创新和尝试。

当公立学校尤其是综合学校开始这样做时，那些常被我们称之为"第三种选择"不起眼的私立学校进入了这些公立学校的视野，并对它们产生了巨大的影响。就是这个时候，A. S. 尼尔和夏山学校引起了大家的注意。在 1945—1990 年中接受培训的英国教师很少有人没有听说过 A. S. 尼尔这个名字。

对于师范学院和综合大学教育系的学生来说，尼尔和他的学校绝对是"第三种选择"中的典范，创造了令人瞩目的成绩。尼尔将自己在夏山学校付诸实践的教育理念记录了下来，倘若那些即将走上讲台的年轻人读到尼尔的这些理念，他们或多或少都会受其影响。当然，其他在这种私立性的"第三种选择"学校工作过的教育者在自己的著作中也介绍过类似的教育方法。对此，人们马上会想到：约翰·霍尔特（John Holt）、伊凡·伊里奇（Ivan Illich）、达汀顿学院（Dartington Hall）的创始人埃尔姆赫斯特（Elmhirsts）。但尼尔是这方面的第一人。他于1921年创办了夏山学校。在将近一个世纪后，这所学校仍然屹立不倒。他关于夏山学校的著作引起了人们对于他的教育理念的广泛讨论，在很多人的文字、理念和做法中都可以看到尼尔和夏山学校的影响。

图2　学校操场入口处的马赛克图案校名

然而，尼尔理论产生的影响持续时间并不长。20世纪50—80年代，公立学校的教育创新活动进行得如火如荼，有很多学校很显然在众多教育家中选择了尼尔的理论作为他们理论依据，创立了各自的教学方法。比如位于伦敦北部的升山学校实验（Risinghill Experiment）最后以失败而告终，位于伦敦伊斯林顿区的白狮街自由学校（White Lion Street Free School），莱斯特郡的康特斯索普学校（Countesthorpe School in Leicestershire），特尔福德的马德雷康特学校（Madeley Court in Telford），诺丁汉郡的萨顿中心学校（the Sutton Centre in Nottinghamshire），以及米尔顿凯恩斯的斯坦顿伯利学校（Stantonbury in Milton Keynes）。

这些学校只是众多学校中比较出名的几个。这些大大小小的学校，或多或少地采用了 A. S. 尼尔教学理论中比较激进的部分。所以它们中的许多后来为了生存下来不得不放弃那些比较激进的做法，也有一些学校最后甚至关门大吉。个中原因又是什么呢？私立学校的家长之所以会选择夏山学校和 A. S. 尼尔是因为他们知道这所学校和这位校长，并对这种独特的教育方式有着清晰的理解。而公立学校的规模比私立学校大得多，学生也多——这可能是原因之一。在这样的学校里有很多家长除了能确保自己的孩子不逃学外所能做的事情很少。此外，他们自己的求学经历和那些实验学校的做法相去甚远。所以这样的教学方法很容易让他们产生不信赖的感觉，而媒体无时无刻的关注更是为这种不信赖火上浇油，连尼尔本人都怀疑这样的教学方式是否适合所有来自工人家庭的孩子。

到 20 世纪 80 年代末，国家课程标准的出现和各个学校成绩排名表的公布都意味着国有公立学校已经对教育实验和教育改革生厌。当时任何一个想要创新的学校都面临着危险，最具讽刺意义的就是连夏山学校本身也未能幸免。夏山学校在一场毫无新意的学校审查工作中成了众矢之的，这次的审查活动是由前英国皇家首席督学克里斯·伍德黑德（Chris Woodhead）领导的英格兰教育标准办公室发起的。这时，就好像 19 世纪 60 年代—20 世纪 50 年代的那段时期，公立学校再一次进入了一个将一切教学实验和创新都拒之门外的阶段。私立学校再一次成了冒险举动的保留地。然而，在本书第六章中，夏山学校现任校长佐薇·尼尔·里德黑德和伊恩·斯特罗纳克教授所介绍的发生在夏山学校和政府督学之间的颇具戏剧性的较量告诉我们：即使是在夏山，机动的自由度也比过去小了很多。

然而我们还是能在数以千计的公立学校中看到 A. S. 尼尔的影响力。在两个相当重要的方面我们可以看出这一点。首先，比起期望学生无条件服从的过去，我们现在更尊重孩子和他们各自独特的个性。

如今许多大都市学校的学生都来自世界各地，他们使用着不同的语言，有着不同的信仰，见多识广。所以任何一所称职的学校及其教职员工都在学习、了解和尊重他们不同的文化和民族特性。无论是否意识到这一点，他们的这种立场与 A. S. 尼尔的夏山学校遥相呼应。

第二点或许是更为重要的一点，每一所学校现在都更为重视"学生的声音"。学生会正在重新强势崛起。最近，一所位于伦敦的学校的学生会甚至为那些不仅仅止步于自身职责的教师设立了园丁奖。另一所学校的学生会还和他们的老师一起评课，尼尔本人一定会赞同这种做法。现在，学生们一般都在新教工的录用上有发言权。学校会定期通过外部进行的调查来了解学生们的想法，这些调查试图了解学生在关心些什么、他们学习的积极性、学生在校外的言行以及他们对学校自我完善的建议。还不仅仅是这些，有些学校设立了"反对欺凌弱小法庭"；还有教师和学生围坐在一起、彼此交流的"圆桥时间"。有时学生甚至会参与到诸如咨询、辅导、助教、调停以及社区互动这些属于教师的工作中，尽管我怀疑尼尔本人不会认可这种做法。

尼尔主张学校不应该规定学生们一定要上课，并且鼓励学生在课程设置上发表自己的意见。很少有公立学校能够认同这一点。尽管如此，最近出现的学习支持 (study support) 和课外学习时间 (out-of-hours learning) 是建立在学生自觉自愿的基础上的。事实上，目前有很多关于这些做法的讨论，人们真切地希望能借这些方法使课程变得更为灵活，以达到因材施教的目的。

时至今日，夏山学校仍然是独一无二的。这所小规模寄宿制学校的教育取向多年来一直保持着高度的一致性。这种做法在规模庞大的全日制学校是没有办法实行的。这些学校的学生数目众多，他们中的很多人身处大都市的环境中，可能在这所学校里完成一个学期的课程，下个学期又要转去另一所学校学习了。

所以显而易见的是：夏山学校的结构架构和具体的教学方法并不可能全套照搬到公立学校上来使用。然而公立学校也好，私立学校也罢，夏山的建校理念和它背后的哲学思想根源为一代又一代教师所熟知，并影响着他们。这一点永远不会改变。

还有一件值得大家注意思考的事。我们身处的时代在进步发展，即便尼尔的教育理念不变，但做法会有必要调整和进一步发展吗？

我想答案是肯定的。

毕竟在他所身处的工业时代，数百万的人们从事着对技能要求不高或者没有技能要求的工作，这样的工作意味的只是一份劳动报酬而已。而我们身处的是信息技术时代，是创新的时代，这对于学校这类学习型组织的变革带来了可能性。同时，我们更加了解人脑的运作方式和我们的学习方式，从而我们也知道了如何更好地教书育人。形成性评价（formative assessment），人们现在称之为"为学而评价"（assessment for learning）预示着通过教育使孩子的人生发生转变的可能性，尤其是对于那些出生在非常困难、贫穷的环境中的孩子来说。噢，与其想着如何和尼尔讨论这些变化将带来的功过是非问题，还不如把这些问题留在学校会议上和我们的教育工作者来讨论。夏山学校就一直是这样做的。

第二章　尼尔时代的夏山学校[*]

A. S. 尼尔
A. S. Neill

一、夏山学校的构想

这是一个现代学校的故事——夏山学校。

夏山学校创立于 1921 年。她位于萨福克郡（Suffolk）的莱斯顿镇
(the town of leiston)，距离伦敦约有一百多英里。

先简单地说一下夏山学校的学生。有些学生来夏山就读时只有 5
岁，有些却可能 15 岁才来到这里。这里的学生通常在 16 岁毕业。一般
来说，我们学校里有大约有 25 个男学生，20 个女学生。

孩子们按年龄分为三个组：5—7 岁是低年级组，中年级组从 8—10
岁，高年级组从 11—15 岁。

通常来说我们有相当大比例的外籍生源。就目前（1968 年）来说我
们有两个来自北欧，44 个来自美国的学生。

孩子们根据他们所在的年龄组安排住宿，每个年龄组配有一个女
舍管。中年级的孩子住在一座石头房子里，高年级的孩子住在小木屋
里。只有个别年龄更大的孩子会有单人房住。男孩子或是两三个人同

---

　　* 本章作者是 A. S. 尼尔，原文是 1968 年出版的平装版《夏山学校》的第一章。尼尔本人的写
作风格也原封不动地保留了下来，比如书中用"他"这个称谓来称呼所有的学生。——编者注

住一间房间，或是三四个人同住，女孩子也是如此。学生们不用担心有人会来检查内务，也不会有人帮他们整理房间。他们是自由的。服装方面也没有任何规定：学生们在任何场合都可以想穿什么就穿什么。

报纸上称它为"无为而治学校"（Go-as-you-please school），他们觉得这所学校聚集了一群无法无天的原始人。

所以我觉得有必要把夏山的故事如实地写出来。尽管我的文字不免会有倾向性，但我会把夏山的缺点连同她的优点一起展现出来。她的优点就是让孩子健康、自由地成长，他们的生活中没有恐惧和仇恨的摧残。

一所强迫生性好动的孩子坐在课桌前，教授的课程又多半没什么用处的学校显然不是一所好学校。当然**这样的**学校对于有些人来说是一所好学校。这些没有创造力的人认为学校就应该是这样的：将孩子管教为一群听话而毫无创造力可言的人，以便他们将来能顺利地融入一个以金钱论成败的社会中。

起初夏山学校是一所试验学校。现在的她是一所示范学校，她告诉人们：自由是行得通的。

我和我的第一任妻子当初创立夏山学校的时候，最主要的想法就是：**让学校来适应孩子**——而不是让孩子去适应学校。

我曾在普通学校任教多年，我了解那里的情况。我认为那是一个错误。我之所以会这么说是因为那些学校以成人的眼光来要求孩子，来告诉他们如何学习。在这种教学方法起源的那个时代，人们对心理学一无所知。

于是我们开始着手创办一个能让孩子们自由发展的学校。为了能做到这一点，我们不得不和所有的纪律、命令、建议、德育训练、宗教课程说再见。人们说我们很勇敢，其实这样做需要的不是勇气，而是一种坚定的信念，相信孩子们生性善良、他们不是恶魔。建校以来的40多年里，这种对于孩子善良天性的信任从未动摇过。这也成了我们最终的信念。

我认为孩子们生来就很聪明也能辨认现实。即便没有成人管束，他们自己也能茁壮成长。你很容易就会这样以为：在夏山学校就读，那

图 3 尼尔和他的学生们，20 世纪 30 年代

些有能力、有志向成为学者的学生就会成为一个学者，而那些能力有限的学生就只能去扫扫马路。但到目前为止夏山学校还没有一个学生去扫马路。我这样写不是自命不凡，我情愿学校里培养出一个快乐的清扫工而不是一个神经分分的学者。

那么夏山学校到底是怎么样的呢？首先，我们不强迫学生上课。孩子们可以去上课，也可以不去，要是他们愿意甚至可以好几年不进课堂。我们有课程表，但那只是为教师准备的。

学生的课程通常是根据他们的年龄来安排的，但有时也可以根据他们的兴趣作调整。在授课方面我们没有什么不同的方法，因为我们认为授课并非那么重要。一个学校有没有一种特别的授课方法来教长除法（long divison）并不重要，因为除非你**想要**学，不然长除法本身就无足轻重。而那些**想要**学长除法的学生**自然会**去学习它，不管老师是怎么教的。

那些上完幼儿园就到夏山学校来的孩子在他们来到这里后就开始上课。我们有些从其他学校转学来的学生，他们发誓说他们再也不要去上什么鬼课了。他们四处玩耍、骑骑脚踏车、挡挡别人的道，但是他们逃避课堂。这样的情形有时会持续好几个月。他们需要的复原时间跟他们在上一所学校造成的对学习的憎恨成正比。我们的最高纪录是一个来自修道院女校的女孩，她游荡了3年，而课堂厌恶的复原期平均来讲是3个月。

对自由发展这个概念不理解的人可能会想，要是孩子们能随他们高兴整天玩耍，那要乱成一团糟了。很多成年人说："要是我被送到那样的学校学习，我现在肯定一无所成。"其他人说："这样的孩子在将来不得不和那些被要求学习的孩子一起竞争的时候，就会觉得自己处于不利地位。"

我想起了杰克，他在17岁那年离开夏山去了一家机械工厂工作。一天，他的总经理找到了他。

"你就是那个从夏山学校来的小伙子，"他说，"我很好奇，现在你和其他旧式学校毕业的年轻人在一起，你觉得夏山的教育怎么样。要是重新给你一次选择的机会，你会去伊顿还是夏山？"

"噢，当然是夏山。"杰克回答。

"可那里有什么不一样的？"

杰克抓抓脑袋。"我不知道，"他慢慢地说，"我想她能给你十足的自信心。"

"是啊，"那位总经理冷冷地说道，"你进屋来的时候我注意到了。"

"天呐，"杰克笑道，"真不好意思我让你有那种感觉。"

"我喜欢这样，"总经理说，"大多数人被我叫进办公室的时候都很坐立不安，看上去很不自然。你进来的时候和我是平等的。对了，你上次说你想调去哪个部门来着？"

这个故事说明知识本身并没有个性和人格重要。杰克没有通过大学入学考试，因为他讨厌学习书本知识。尽管他没有读过兰姆（Lamb）的随笔集，也不会法语，但这并没有让他在生活中处于不利。他现在成为了一个成功的机械师。

在夏山学校也还是有很多东西要学习的。可能我们一组 12 岁的孩子在拼写或分数方面不如其他学校的同龄的孩子，但是如果是那种需要创意的比赛，我们的孩子一定能大获全胜。

夏山学校没有随堂考试，但是有时我会一时兴起来一次考试。试卷上的题目如下所示。

- 请说出以下这些都在哪里：马德里、星期四岛、昨天、爱、民主、憎恨、我的微型螺丝刀（唉，没有一个答案能帮我找到它）。
- 请对以下名词作出解释（旁边的数字代表要求给出的解释数量）：

Hand（3）……只有两个学生写对了第三种解释——一种测量马的高度的单位。*Brass（4）……一种金属、厚颜无

---

* 英语中 hand 一词可作为马的高度的测量单位。——译者注

耻、高级军官、管弦乐队里的铜管乐器组。

● 请将哈姆莱特关于"生存还是毁灭"（To-be-or-not-to-be）的名言转述为夏山用语。

这份考卷显然不是以严格的考核为目的的，学生们都对这些考题非常感兴趣。总的来说，刚来的学生没有那些已经习惯夏山学校的学生考得好。倒不是因为他们没那些学生聪明，而是因为他们习惯了那种严肃的学习环境，稍稍轻松一点就把他们给搞糊涂了。

这是我们寓教于乐的一面。大多数作业都是在课堂上完成的。如果出于某些原因，一个老师没法在该上课的那天给班上的学生们上课，那孩子们通常会大失所望。

9 岁的大卫因为百日咳不得不被隔离。他哭得伤心极了。"我舍不得罗杰老师的地理课，"他不甘心地说。大卫差不多刚生下来就到了夏山学校。他明确而清楚地知道上课对他来说是多么的有必要。大卫现在是英国伦敦大学数学系的教授。

几年前，一个学生在学校全体会议（所有的校规都是在学校全体会议上由全校投票表决的，每个学生和教职员工都有投票权）上提议处罚某个犯了错的学生整整一个星期不许上课。其他孩子们当场抗议，认为这样的处罚太严厉了。

我本人和我的员工都打心眼里痛恨考试，我们讨厌大学入学考试。但是我们不可能不教授那些必修课。很显然只要这样的考试还存在，我们就得跟着它们的指挥棒走，所以夏山学校的老师都能依照设定的课程标准授课。

并没有很多的学生要参加这些考试；只有那些想进入大学学习的学生需要参加这些考试。这些学生似乎也并不觉得这些考试很难对付。他们通常从 14 岁开始，花大约 3 年时间认真准备迎考，当然他们并不总是第一次考试就能通过，难能可贵的是他们会再试一次。

夏山学校可能是世界上最快乐的学校了。这儿没有旷课，也很少有学生会想家。我们很少有人打架，争吵当然在所难免，但我几乎从没在夏山看见过那种当我还是个孩子时习以为常的打得不可开交的场面。我也很少听见孩子哭，因为一个身处自由环境的孩子要发泄的仇恨远比生长在一个备受欺压的环境下的孩子少。仇恨带来的是仇恨，而爱带来的是爱。爱指的是对孩子的认同，这一点对于任何学校都至关重要。如果你处罚孩子或者冲他们大喊大叫，那你就无法成为他们中的一员。在夏山的学生们知道他们会得到认同。

提醒你一句，我们都不是完人，偶尔也会发发脾气。记得有一年春天我花了好几个星期种了些马铃薯，等到 6 月份我发现有六株马铃薯被拔出来了，我气得要命。但是我的生气和那些好发施令的人是不一样的。我是在为我的马铃薯生气，要是一个好发施令的人一定会把这个问题扯到道德上去——一个大是大非的问题。我没有说偷我的马铃薯是错的，我没有给这件事一个是非对错的盖棺论定——我认为问题在于那些**我的**马铃薯。既然它们是**我的**马铃薯，别人就不应该去碰它们。我希望我把这之间的区别讲清楚了。

换一种说法好了。对于孩子们来说，我不是一个会让他们感到害怕的当权者。我是他们中的一员，对于他们来说我为了我的马铃薯生的气和一个男孩因为他的自行车轮胎被戳爆而生的气没有什么区别。惹一个孩子生气没有多大危险，因为你们是平等的。

现在可能有人会说："真是胡说八道。还扯什么平等呢。尼尔是老板，他当然更重要，能判断是非对错。"这说得没错。我是老板，所以如果房子着火了孩子们都会跑到我这儿来求救。他们知道我更强大有更多的知识，但这些并不会影响我成为他们中的一员，你看看我的马铃薯地就知道了。

有一次，5 岁的比利不许我参加他的生日派对，因为他没有邀请我，当时我马上就离开了那个派对——就像如果我不想让他陪我时，他也会马上离开我的房间一样。这样的师生关系很难形容，但那些参观过夏山学校的人都能体会我为什么会说这是一种理想的师生关系。艾伦是教化学的，我们都叫他克莱因。其他的工作人员有哈里、乌拉、达芙妮。我是尼尔，我们的厨师是伊顿。

在夏山，大家的权利是平等的。没有人可以在我的大钢琴上走来走去，我也不可以在未经同意的情况下借走一个男孩的自行车。在学校全体会议上，一个6岁孩子的投票效果和我的是一样的。

不过那些了解只有成人才有权投票的做法的人可能会问：那些6岁的孩子会不会在举起他们的小手前先看看你要投的是什么票？有时候我真希望他们会这样做。我有多少提议都被他们否决了啊！生长在自由环境中的孩子不会轻易受别人的影响，这种现象的原因是他们不知道什么叫害怕。事实上，不知道什么叫害怕对一个孩子来说是再好不过的事。

我们的孩子不怕学校里的员工。我们有一条校规规定，晚上十点以后楼上的走廊要保持安静。有一天晚上，大概已经十一点了，上面还在打枕头仗。我停下笔，离开书桌，打算去抗议这些吵闹声。当我上楼时，我听到了一阵急促的脚步声，整个走廊都安静了下来，四下无人。突然传来了一个失望的声音，"哼！只是尼尔啊，"枕头仗又开始了。当我向他们解释道我在楼下努力写作的时候，他们表示出了关心并同意马上安静下来。他们先前之所以安静下来是因为以为他们的就寝管理员（一个和他们年龄相仿的孩子）来检查了。

我认为孩子不怕大人这一点很重要。一个9岁的孩子跑来告诉我他的球把一扇玻璃窗给打破了。他之所以会告诉我是因为他不怕我会生气或者会受到道德上的批评。他可能会要赔一块玻璃窗，但他不用担心会被说教或者挨罚。

在几年前曾经有一段时间，当时的学校自治委员会刚好解散，又没有人出来组织选举。我抓住了这个机会发布了一则消息："由于学校当前无人管理，我在此宣布尼尔为这里的独裁者，万岁！"马上孩子们开始咕哝起来，开始有人窃窃私语。当天下午，6岁的维维安跑来跟我说："尼尔，我把体育馆的一扇窗给打破了。"

我冲他挥挥手示意他走开。"别拿这些小事来烦我，"我说道，于是他走开了。

过了一会儿他回来了并且告诉我他打破了两扇窗。这时我感到很好奇，于是我问他是不是有什么伟大的计划。

"我不喜欢独裁者，"他说，"而且我不喜欢没东西吃。"（我后来发现厨师也反对独裁，所以他关了厨房回家去了。）

"好吧，"我问，"那你打算怎么做呢？"

"再多打碎几扇窗，"他固执地说。

"去吧，"我说，于是他走了。

等他回来的时候，他宣布自己已经打破 17 扇玻璃窗了。"别担心，"他郑重其事地说，"我会把它们赔给你的。"

"怎么赔？"

"从我的零花钱里扣。我要赔多久？"

我飞快地算了一下。"十年左右，"我说。

有那么一分钟他看上去很沮丧；然后我看见他的脸色又亮了起来。

"哎呀，"他叫道，"我根本不用赔嘛。"

"那私人财产规定怎么说？"我问，"那些玻璃窗是我的私人财产啊。"

"那我知道，但现在不存在什么私人财产规定了呀，我们没有学校自治委员会了，规定都是学校自治委员会定的呀。"

可能是我脸上的表情让他加了一句，"不过不管怎么样我会把钱赔给你的。"

不过他没有赔那些玻璃窗。不久以后，我在伦敦作讲座的时候讲了这个故事，在讲座的最后，一个年轻人走上来交给我一英镑并指明是为那个"小恶魔赔玻璃窗"用的。两年后维维安还在四处说他打破的玻璃窗和那个为他赔钱的人，"他一定是个大傻瓜，因为他连我的面都没见过。"

那些不知道什么叫害怕的孩子和陌生人相处时也自然得多。英国人的保守从内心深处来讲是因为源于害怕；这也是为什么那些最保守的人通常也是掌握着最多财富的人。夏山的孩子们对陌生人格外得热情，这是我和教职员工们骄傲的源泉。

然而我们也必须承认，多数来访的陌生人都是那些让孩子们很感兴趣的人。在这里最不受欢迎的造访者是教师，尤其是那些一本正经的教师，他们会想要看看孩子们画的画、写的作业。最受欢迎的人是那些会讲故事的人，冒险的故事、旅行的故事、最好就是飞行的故事。像拳击手、网球手一来就会被孩子们团团围住，而那些满口理论、学说的人没有孩子会去理他。

来夏山参观的人们最常说的一句话就是他们根本分不清谁是老师，谁是学生。确实如此，当孩子们生活在一个被认同的环境下，你能感受到一种强烈的协调统一，教师也就没有什么不同的了。教师和学生吃的是一样的东西，遵守相同的校规。孩子们讨厌任何给予教师们的特权。

曾经有一度我每周都会给教职员工们做一次心理学讲座，于是有孩子抱怨说这不公平。于是我改变了原先的安排，讲座同时对每个年满12岁的孩子开放。于是每个周四晚上，我的房间都挤满了求知心切的年轻人，他们不单单是听课，还主动说出他们的想法。自卑情结、偷窃心理、歹徒心理、幽默心理、为什么有的人会成为道德家、手淫、群体心理这些都是孩子们请我在讲座上讨论的主题。显然，这样的孩子在今后的生活中会对他们自己和别人有更清晰客观的认识。

来夏山参观的人们最常问的一个问题是："将来孩子会不会反过来责怪学校没有教他数学或是音乐？"答案是我们的小贝多芬和小爱因斯坦一定不会让我们把他们和自己的领域分开的。

孩子们应该过他们自己的生活——既不是活在那些望子成龙的家长们的期待中，也不是那些自认为知道什么是对孩子最好的教育家为他们设定的目标中。所有这些来自成人世界的干涉或指导只会培养出一代机器人。

要是你不能在某种程度上**把孩子变得**像成人那样会违背自我意愿，你就不可能迫使他去学音乐或其他任何东西。你要让他们学会接**受现实**——这对社会来说是件好事，生活在这样的社会中的人或是坐在沉闷的书桌前的，或是站在商店里，或是机械地等着八点半的市郊列车——简而言之，肩负着这样的社会的是那些战战兢兢的小人物——那些畏首畏尾的循规蹈矩者。

二、夏山一瞥

让我把夏山的日常安排描述一下。八点十五分到九点是早餐时间。教师们和学生将早餐从厨房拿到餐厅去。床铺应该在九点半开始上课前整理好。

每个学期开始的时候会贴出一张课程表。在实验室的德里克就知道周一是一班来上课，周二是二班来上课，诸如此类。我教英语和数学，所以我也有一张这样的课程表。莫里斯负责教地理和历史。年龄小的孩子们（7—9岁）通常整个早上都和自己的老师在一起，但他们也会去科学室或艺术室。

没有人强迫孩子去上课。但如果吉米星期一来上了英语课，但直到第二个星期的星期五他都没有再出现在课堂上，并且其他的学生认为他拖慢了整个班级的进度，那么他们就能以妨碍进度的理由把他赶出去。

幼儿园和低年级的孩子的午餐时间是十二点半，其他人的授课时间一律持续到一点。学校不得不分两次发放午餐。教师们和高年级的孩子到一点半才能坐下来享用午餐。

下午是所有人的自由活动时间。我不知道大家在下午都会做些什么。我会搞搞园艺，但很少在那儿附近看到孩子们。我看到低年级的孩子们在玩强盗抓小偷。有些高年级的孩子会摆弄摆弄发动机、收音机之类的，或者画画。天气好的时候高年级的孩子也会玩游戏。有些人会在手工作坊里修修弄弄，比如修理修理他们的自行车、造艘小船、做一把手枪什么的。

四点是下午茶时间。到了五点，各种各样的活动就开始了。低年级的孩子喜欢听故事。中年级的孩子喜欢在艺术室里——画画、做版画、做皮具、编篮子。通常会有一群孩子在忙着做陶器；事实上，做陶器不管是在早上还是晚上都很受欢迎。高年级的孩子们从五点后开始工作。堆满木材与金属的工作间里（木工/五金室）每天晚上都挤满了人。

星期一晚上，孩子们会到当地的电影院看电影，费用由他们的家长支付。如果星期四放映的电影不一样，那些经济条件允许的孩子可以再去一次。

星期二晚上，教师们和那些高年级的孩子会来听我的心理学讲座。与此同时，低年级的孩子在分组阅读。星期三晚上是舞蹈夜。我们从一大堆被选音乐中挑出合适的作为伴奏音乐。孩子们是天生的舞蹈家，有些来访者说他们和孩子们一起跳舞时相形见绌。星期四晚上没有特别的安排。高年级的孩子们会去莱斯顿或奥尔德堡看电影。星期五晚上是为那些诸如戏剧彩排预留的时间。

星期六的晚上是最为重要的，因为学校全体会议在这天晚上召开。开完会后通常大家会一起跳舞。在冬季，星期天晚上是戏剧夜。

课程表上没有手工课，我们也没有专门的木工课。孩子们可以想做什么就做什么。他们想做的基本上就是玩具枪炮、小船、风筝之类的。他们对制作各式各样复杂的榫头没多大兴趣，即便是高年级的孩子也对那些高难度的木工活提不起兴趣。也没什么人对我的个人爱好——制作铜器——有兴趣，因为你很难让一个铜碗看上去有什么了不起。

如果天气不错，你在夏山学校的校舍里就可能看不见那些像小土匪似的男孩子们。他们会在某个偏远的角落里密谋一些英雄事迹来做。但是你可以看见女孩子们，她们不是在房子里，就是在离房子附近的地方，她们从不会离成年人很远。

你经常可以在艺术室看到一屋子的女孩子们在画画或是用布料做些很漂亮的小玩意。但总的来说，我认为小男孩们是最有创造力的，起码我从来没有听一个男孩子抱怨说他没有事情做，觉得很无聊，但我有时会听到女孩子这么说。

可能我之所以觉得男孩子比女孩子更有创造力是因为我们的学校更适合男孩子。10岁或10岁以上的女孩子们很少会去工作间。她们不喜欢摆弄发动机，对电流、收音机之类也没什么兴趣。她们有她们的艺术室，在那里她们可以制作陶器、剪剪亚麻毯、画画、缝纫，但对于一部分女孩子来说这些是不够的。男孩子们对烹饪显示出和女孩子一样的热情。女孩子和男孩子都会编排自己的剧本，自己做戏服、搭布景。孩子们的表演天赋都很高，因为你在他们真挚的表演里看不到任何技巧的卖弄。女孩子和男孩子一样经常会去化学实验室。可能工作间是唯一对9岁以上的女孩们没有吸引力的地方了。

女孩子们对于学校全体会议也不像男孩子们那样积极，我也无法对这个现象作出解释。

在多年前，来夏山就读的女孩子的年龄都比较大，我们接纳了许多来自修道院女校和其他女校管教不了的问题学生。我从不认为这些孩子可以作为接受了自由教育的一个例证。这些女孩子们的家长通常根本不重视自由，因为如果他们重视这一点的话，他们的孩子就不会有问题。当这些女孩子们的各个问题在夏山得到治愈后，他们又被各自的家长匆匆送到"一个有她应该接受的教育的好学校"去了。但近几年来夏山学校接收了不少来自信任夏山教育的家庭的女孩子。他们同时也是一批很棒的学生，充满活力，有创造力，积极主动。

我们的一些女学生因为经济原因不得不离开夏山；有时这样做是为了让她们的兄弟能够在一所昂贵的私立学校继续学习。重男轻女这样的古老传统很难改变。也有占有欲很强的家长出于嫉妒而让孩子们（男女都有）转学的，他们怕自己的孩子丧失了对家庭的忠诚转而投向学校的怀抱。

夏山学校很少有总是顺风顺水的日子。很少有家长会有这样的耐心和信念把自己的孩子送到一所不愿意学习就可以随便玩的学校去。家长们会怕自己的儿子到了21岁还没有任何谋生能力，这样的想法让他们不寒而栗。

如今，我们这里大多数家长都希望他们的孩子在无拘无束的环境下成长。这样的大环境令人愉快，因为在以前我常常会遇到一些顽固守旧的家长在万般无奈下才把他的孩子送到夏山来。这样的家长对孩子的自由成长根本不感兴趣，他们私底下一定还认为我们是一群疯子。要想向这些老顽固们把事情解释清楚非常困难。

我记得曾经有一个军人在考虑是否要让他9岁大的孩子入学。

"这地方看起来不错，"他说，"但是我有一个问题，我的孩子可能在这儿会学会手淫。"

我问他为什么会这么想。

"这会对他的成长危害很大"。他说。

"我和你都手淫过，可是并没有造成多大危害呀"。我轻快地告诉他，他和他的儿子忙不迭地离开了。

还曾经有位有钱的太太，在向我不断发问了近一个小时后，转身对她的丈夫说，"我拿不定主意是不是要把玛乔里送到这里来。"

"不用费心，"我说，"我已经替你作了决定了。我不打算录取她。"

我不得不向她解释我为什么这么说。"你并不真正信赖我们的自由教育，"我说，"如果玛乔里在夏山学习，我不得不花一半的时间向你解释各种各样的事，到头来你还是不会相信。最后受到伤害的会是玛乔里，因为她一直面对这样的困扰：到底谁是正确的，学校还是家庭？"

最理想的家长是那些来到夏山后会说"夏山学校就是我们孩子要找的地方，非她不可"的家长。

学校刚创立的时候就面临巨大的困难。所以为了收支平衡我们只接收来自中上层阶级家庭的孩子。我们的背后没有大财团或者有钱人的赞助。在建校早期，有一个坚持匿名的赞助人帮助我们渡过了一两个难关；后来，有一位家长詹姆斯·尚德（James Shand）慷慨解囊，赠送给我们——一个新厨房、一台收音机、学校边上的新侧楼和一间新的工作室。你再也找不到比他更好的赞助人了，因为他的捐助不带任何附加条件，而且他不求回报。"夏山给吉米的教育就是我想给他的那种教育，"他简单地说道，因为他本人对孩子的自由教育深信不疑。

但是我们从未能够招收到那些来自贫困家庭的孩子，这一点令人遗憾，因为我们对教育的研究局限在那些中产阶级的孩子身上。但在太多的金钱和昂贵的衣服掩饰下，有时我们很难看清孩子的天性。如果一个女学生知道她在 21 岁将继承一大笔财产，在她身上研究孩子的天性问题就比较困难。然而值得庆幸的是，无论是过去的学生还是现在的学生，他们中的大多数都没有被金钱惯坏，他们都明白在离开学校后必须要靠自己的双手养活自己。

在夏山学校，我们有住在镇上白天来学校为我们打扫房间的女服务生，她们晚上睡在自己家里。这些年轻的女孩们辛勤工作，令人满意。在这个自由的环境里没有人对她们指手画脚，她们反而比在别人发号的施令下工作得更好，也更勤快。她们不论从哪方面来看都十分出色。这些女孩子们由于家境贫寒而不得不努力工作，而我们学校有些家境殷实的女孩子被宠得连床都懒得铺，一想到这点我就觉得惭愧。但我不得不承认，我自己也讨厌铺床。我解释说我有很多要紧事要做，可是孩子们对这个站不住脚的解释根本不买账。我辩解说一位将军不会去捡地上的垃圾，这样的说法受到了他们的奚落。

图 4　尼尔、埃娜和佐薇在一起，1954

我不止一次地表明，在夏山学校成人不用扮演美德的典范。我们和所有普通人一样，也会因为意志不够坚定而作出违背我们理念的事情。在一个普通的家庭里，要是孩子打破了一个盘子，他的父亲或母亲一定会大惊小怪——盘子显得比孩子更重要。在夏山，要是一个女服务生或孩子打碎了一叠盘子，我和我的妻子都不会说什么。意外就是意外。但是要是有个孩子借了一本书，任凭这本书在大雨里淋着，我的妻子一定会生气，因为书对她来说很重要。在这样的情形下，我本人倒是觉得没什么要紧的，因为书对于我来说并不重要。从另一个方面来讲，我妻子每次看到我因为被弄坏的凿子大发雷霆都觉得有点不可思议。我把各种工具看得很重，但工具对她来说无足轻重。

在夏山学校的生活永远是在付出。对于我们来说接待那些造访者比应付孩子还要累，因为他们总是期待我们的付出。可能付出确实比索取更幸福，但是它绝对让人更辛苦。

唉，我们每周六晚上的学校全体会议生动展现了孩子与成人之间的矛盾。这是很自然的，因为学校里有各个年龄层的人，而且如果所有人都以孩子为中心，这无异于宠坏他们。要是有一伙高年级班的孩子在所有人都就寝以后还大声说笑，吵得大人们没有办法睡觉，他们会在大会上提出抗议。哈里抱怨说他花了整整一个小时计划在前门上装一块嵌板，等他吃完午饭回来后却发现比利已经把它改成了一个架子。我会控诉那些借走我的全套焊接工具却没有还回来的男孩子。我的妻子生气是因为这样一件事：有3个小孩子在晚餐后的时间回来，说他们还饿着肚子，于是他们得到了面包和果酱。可第二天的早晨，几片面包却被发现扔在了走廊上。彼特难过地告诉我们有一伙人在陶艺室里用他珍贵的黏土丢来丢去。整个会议的争论围绕着成人的观点和孩子们的疏忽继续下去。但这样的争论绝对不会变质为人身攻击；也绝对不会恶意地针对某个人。这些争论保持了夏山学校的勃勃生机。每天都有事情在发生，没有任何一天是枯燥乏味的。

很庆幸，我们的教职员工们都没有很强的占有欲。但是我必须承认，当我发现我用3英镑1加仑的价格买来的特殊涂料被一个小女孩拿去刷旧床架的时候，我是很心疼的。我对我的车、打字机和工具是很在意的，但对于人我是没有统治欲的。要是你对人有统治欲，你就不适合做一个校长。

在夏山学校，物质上的损耗是自然而然的事情。只要告诉孩子们当心一点儿，就可以避免这种情况发生。然而精神上的疲劳是没有办法避免的，因为我们对于孩子从来都是有问必答的。一天里我起居室的门可能会被推开50次，孩子们来问我："今天晚上会去看电影吗？""为什么我不能上私人补习课？""你看见帕姆了吗？""埃娜在哪儿？"这是日常生活的一部分。尽管我们没有真正的私人生活，一部分是因为我们的房子并不适合作为学校——以成人的观点来看的不适合，但是我一点儿也不觉得累，因为孩子比我们重要。不过，在每个学期期末，我和我妻子都会变得筋疲力尽。

另一点值得注意的是我们的老师很少会发脾气。这对于我们的老师和孩子们来说都很了不起。真的，和这些孩子在一起很快乐，你很少会发火。自我认同的孩子很少会让人讨厌。他不会觉得把大人气得吹胡子瞪眼有什么好玩的地方。

我们曾有一个女教师，她对批评过于敏感，所以女学生总是去捉弄她。但是这些女学生不会去招惹任何其他的教师，因为其他教师根本不会理他们。捉弄只对那些一本正经的人起作用。

那么夏山的孩子与其他孩子相比是否显示出更多的暴力倾向呢？其实每个孩子在成长过程中为了按自己的意愿走自己的路，不免都会表现出一定的反抗性。但我们看到的过度的攻击性是在那些不自由的孩子身上，他们在反抗他们遭受到的厌恶。在夏山没有孩子会觉得大人讨厌他们，所以他们不用表现出攻击性。那些有暴力倾向的孩子往往是在家里得不到关爱和理解的孩子。

当我还是一个在乡村学校上学的小男孩时，每周都会看到有人被打得鼻青脸肿。仇恨会化作武力表现出来；那些满怀憎恨的年轻人需要通过打架来发泄。如果一个孩子身处于一个没有恶意的环境中，他们就没有这种需求。

我认为弗洛伊德学说之所以如此强调攻击性是因为他们的研究是**在那样的**家庭和学校中进行的。一个人无法通过研究拴着链条的寻回犬*来研究犬类的心理，也无法通过研究禁锢在沉重的桎梏之中的人群——这是由一代又一代生活的仇恨者锻造的桎梏——来建立有关人类心理学的理论。我发现在夏山这样自由的环境里，孩子们的破坏力远不如那些就读于校风严格的学校的学生。

在夏山我们虽然推崇自由发展，但这并不意味着没有任何约束。我们对学生的生命安全作足了防范措施。如只有在每6个学生就配备有一个救生员的情况下，他们才可以游泳；11岁以下的孩子一律不许单独骑车上街等。这些规定都是由孩子们自己制定，在学校全体会议上投票通过的。

不过对于爬树我们倒没有什么限制规定。爬树是生活教育的一部分，要是你禁止了一切有危险的活动，孩子们就会变成胆小鬼。我们禁止孩子们到屋顶上去，不允许使用气枪以及其他可能造成人身伤害的武器。每次开始流行玩木剑的时候我都很担心。我坚持剑尖要用橡皮套套起来或是用布包起来，即便如此，玩木剑的风潮过去之后，我才会由衷地舒口气。有时你很难划清恰如其分的谨慎与焦虑之间的界限。

在学校里我没有偏爱的孩子。当然我会喜欢一些孩子多过喜欢其他的孩子，但我努力不表露出来。可能夏山的成功原因之一就是学生们觉得老师们对他们很尊重并且一视同仁。不论在什么样的学校，我都很怕看到教师对学生的非理智态度，比如即便一个孩子只是在墙上乱写乱画，要遇上那种过高估计孩子的人，你就会觉得这个学生将来会成为毕加索。

在大多数我曾任教的学校里，教师办公室都是个可怕的地方，充斥着阴谋、厌恶和嫉妒。但在我们这里，教师办公室是个快乐的地方，在这里，你看不到其他教师办公室里司空见惯的怨恨。在自由的环境下，教师们感受到的快乐和善意与孩子们相同。有时候，一些新来的教职

---

*　一种找回射中猎物的猎犬。——译者注

图 5　佩维在樱桃树上，2005

员工在这样自由的环境下的反应和孩子们相差无几：胡子拉碴地就来上课了，早上赖床，有时甚至还违反校规。值得庆幸的是成人们回到正常生活轨迹花的时间比孩子们短得多。

每隔一周，我会在周日的晚上给年纪较小的孩子们讲一个关于他们自己的冒险故事，我这样做已经有好几年了。在故事里我带他们上天入海，甚至还到了神秘的非洲。不久前，我编了一个故事，说我死了，于是夏山由一个名叫马格尼斯的十分严厉的人来接管。他强迫大家上课。要是你敢说一句"见鬼！"就会受到责罚。我绘声绘色地讲述孩子们如何乖乖地听从他的命令，那些3—8岁的孩子们生起我的气来。"我们才不会呢，我们会逃跑的。不然我们就用锤子把他打死。你以为我们会容忍那样一个人吗？"

最后为了让那些孩子们心满意足，我不得不在故事里复活，然后把那个叫马格尼斯先生的人从大门口踢出去。听故事的孩子大多年龄很小而且也不知道一个严格的学校是怎么样的，所以他们的愤怒反应是自然而真实的。他们要是知道这个世界上还有校长是不会和他们站在一边的，他们一定会感到大为震惊——不单单是他们在夏山的经历会让他们有这样的反应，他们的家庭环境也是如此，父母总是支持他们的。

曾有一个从美国来参观的心理学教授批评我们的学校，说夏山是一个小岛，它与世隔绝，没有融入到整个社会中。我的回答是：要是我在一个小镇上建了一所学校，努力让它能融入当地，一切会变成什么样？一百个家长会有多少个赞成非强制性的上课？有多少会认可孩子们手淫的权利？从一开始我就不得不对我所坚信的东西作出妥协。

夏山学校确实是自成一体的小岛。她也不得不成为一座小岛，因为学生的家长们都住在数英里以外的镇上，甚至是其他国家。要把这些家长都叫到萨福克郡的莱斯顿镇上是不可能的，夏山也不可能成为莱斯顿镇文化、经济和社会生活的一部分。

我不得不马上指出夏山学校绝对没有与莱斯顿镇隔绝。我们和很多当地人保持着联系，双方的关系都很友好。但是从根本上来讲，我们不是当地社区的一部分。我从没想过邀请一位当地报纸的编辑来刊登一些从夏山毕业的学生的辉煌故事。

我们会和镇上的孩子们一起做游戏，但是我们的教育目的与他们父母的相去甚远。因为我们学校不隶属于任何宗教组织，我们和镇上的任何宗教团体都没有联系。如果夏山是当地社区活动中心的组成部分，那我们就不得不向学生教授宗教课程。

我可以很清楚地感受到我的那个美国来的朋友并没有认识到他的批评意味着什么。我觉得他那番话的意思是：尼尔只是一个遁世之人。他的教育体系无法令社会成为更和谐的共同体，也无法为儿童心理学与忽视这种心理学的社会架起桥梁，为生命和违背生命初衷（anti-life）、学校和家庭之间填补鸿沟。我的回答是：我原本就不是一个热衷于让整个社会都跟我的想法走的宗教领袖；我唯一确信的是美好的社会应该摈弃仇恨、惩罚和神秘主义。尽管我的所说所写都是关于对整个社会的思考，但如果我想用自己的**行动**来改变整个社会，那么我想我会被当做一个危及公众安定的危险分子而自讨苦吃。

假使我试图让整个社会都接受青少年可以自由地享受性生活，那么我即便没被当做不道德的性教唆犯关进监狱也差不多完了。我虽然讨厌妥协，但是在这里我却不得不低头，因为我意识到我的首要工作不是来一场社会变革，而是给那些为数不多的孩子们带来欢乐。

三、夏山学校的教育和标准化教育的差异

我始终坚持生活的真谛在于寻找快乐，这意味着找到自己的兴趣所在。教育是为将来的生活作准备的，但是我们的文化教育并不很成功，我们的教育方向、政治生活、经济发展到最后都引来了战争。我们并没能对症下药。我们的宗教并没有消除高利贷和抢劫。我们鼓吹人道主义，却允许野蛮的狩猎活动作为一种体育活动而合法存在。时代的进步只是物质上的进步——我们有了收音机、电视；有了各种电子产品；有了喷气式飞机。这些都是新的世界大战的征兆，因为整个社会的良知并没有与时俱进。

想要质疑今天的社会，只需要提出几个棘手的问题就可以了。为什么人类所患的疾病看上去比动物的多？为什么人类充满仇恨在战争中厮杀，而动物却不会？为什么越来越多的人患上癌症？为什么自杀现象比比皆是？为什么性犯罪事件屡禁不止？为什么有反犹太主义？为什么歧视黑人甚至残忍地对他们处以私刑？为什么会诽谤他人？为什么性是肮脏的要遮遮掩掩？为什么私生子为社会所不齿？为什么宗教在很久以前就丢失了他们的爱、希望和仁慈？为什么我们为自己的文明、崇高自吹自擂，却有无数个为什么在质疑这一切！

我之所以会问这些问题是因为我的职业是教师，我和年轻人打交道。我之所以会问这些问题是因为教师们总是问一些关于学校教学科目的问题，这些问题并不重要。讨论法语或古代史会有什么好处呢？比起那些更大的人生命题：人生的自然满足——内心的快乐来说，这些问题无足轻重。

我们的教育中有多少是鼓励孩子真正做事、真正敢于自我表达的？通常，在教育专家眼中，努力完成学业是成功的关键。即使在蒙台梭利体系——一个被众人一致认为是基于教师指导的儿童游戏体系中，也只是人为地安排让孩子被动地在做中学。这与孩子的创造性没有什么关联。

在家里，孩子总是被教的对象。基本上每个家庭里至少都有一个还没有长大的成年人迫不及待地向小汤米解释他的新电动玩具是怎么工作的。当婴儿想看看墙上的东西是怎么回事时，总有人会把他抱到椅子上去。每次我们好为人师地告诉小汤米马达是如何运转的时候，我们其实剥夺了孩子们生活的乐趣——探索的乐趣——那种凭自己的能力克服障碍的乐趣。还有更糟的！我们让孩子们产生一种自卑感，他们觉得只有依靠别人的臂膀才能有所作为。

家长们有时很迟钝，他们很难意识到学校的主要责任不是传授知识。孩子们和成人一样，他们学他们自己想学的东西。那些奖励啊、分数啊、考试啊让我们忘记了人格培养的重要性。那些认为教育就是书本学习的人都是书呆子。

书本是学校里最不重要的设备。学生只要学会读写算就可以了，剩下的时间应该留给工具、黏土、体育、戏剧、绘画和自由。

多数学校留给青少年的那些作业都是在浪费他们的时间、精力和耐心。这些作业一而再、再而三地剥夺了孩子们玩耍的时间；硬是把一个成人的脑袋安到了孩子们年轻的肩膀上。

当我在给一些师范学校或其他大学学生作讲座的时候，常常会感到震惊。这些姑娘、小伙子们脑袋里装满了无用的知识，却惊人地不成熟。他们确实知道很多，他们精通各种方言，他们能引经据典，但在谈到各自的人生观的时候，他们中的许多人就像刚出生的婴儿一样懵懂。他们被教导要去**学习**，但却没有被要求去**感受**。这些学生待人亲切、彬彬有礼、积极向上，但是他们缺乏感染力，他们缺少把感受置于思考之上的能力。我给他们讲述那个他们错过并还在继续错过的精彩的世界。在教科书里你找不到个性，找不到爱，找不到自由，找不到自主权。只要这种以书本学习为标准的体系继续下去——我们就是在继续隔离身心的学习。

现在是时候让我们来质疑一下学校对于学习的认识了。每个孩子被想当然地认定应该学习数学、历史、地理，学一些自然科学、一点儿艺术，当然还有文学。是时候让我们认识到一般的小孩子对这些科目中的任何一科都没什么兴趣。夏山每一个新来的学生都可以帮我证明这一点。当他们被告知学校是完全自由的时候，每个孩子都欢呼起来，"好哇！我再也不用做算术题和其他无聊的事了。"

我并非在指责学习，但我认为玩比学重要，而且应该精心设计学习计划，寓教于乐，让玩耍发挥调剂的作用，使学习适应学生的口味。学科学习是重要的，但并不是说对任何人都是这样，尼金斯基（Nijinsky）*在圣彼得堡皇家芭蕾学院就读时考试总是不及格，但他要是通不过考试就不能进入国家芭蕾舞团。他无论如何就是学不好学校里的那些科

---

　　* 波兰血统的俄国芭蕾演员和编导（1889—1950）。他才华超群、技巧高超，特别是大跳、急速转、多次击腿等高难动作和富有表情的哑剧表演，为世人所称道，曾是著名女舞蹈家巴甫洛娃等人的舞伴。其主演过《天方夜谭》、《阿尔米达宫》、《埃及之夜》等著名舞剧。——译者注

目——他的心思都花在别的地方了。于是人们为他准备了一次考试，在考试前把答案都给了他——这是一个传记作家说的。如果尼金斯基真的一定要凭自己的能力通过那些考试，那对世界来说是一个多大的损失啊！

富有创造力的人会自发地去学习那些他们想要学的东西，因为他们的天赋和创意需要靠这些工具来得以实现。

有一次我看见一个女孩趴在几何书上掉眼泪。因为她母亲想让她上大学，但这个孩子拥有一颗艺术家的心。当我听到她第七次没有通过大学入学考试时，我感到高兴。可能这样一来她的母亲会妥协，同意让她做自己想做的事情。

不久前，我在哥本哈根遇到一个 14 岁的女孩，她曾在夏山上过 3 年的学，能说一口非常完美的英语。"我想你一定是英语课上的尖子生吧，"我说。

她做了个沮丧的鬼脸，"没有，我是班上最差的学生，因为我不懂语法。"我觉得用这件事来说明什么是我们成人自以为的教育是再恰当不过了。

那些毫无热情的学生在严格的纪律约束下，勉强完成了大学、大专的课程后，成了按部就班的教师、平庸的医生、毫无建树的律师，可能他们本来能成为出色的机械师、优秀的砌砖工或者一流的警察。

我们发现，那些到了 15 岁还不会或不愿意学习阅读的男孩子通常都在机械方面很有天赋，以后能成为一个优秀的工程师或者电工。我也不敢武断地给那些不愿意去上课，尤其是去上数学、物理课的女学生下定论。通常这样的孩子会在针线活上花很多的时间，在今后的生活中她们开始学习做衣服和设计。要让一个未来的裁缝去学习二次方程式或波义耳定律（Boyle's law），这样的教学大纲真是荒唐。

卡尔德维尔·库克（Caldweill Cook）写过一本名叫《寓教于乐》（*The play way*）的书，在书中他告诉我们如何通过各种游戏教授英语。这本书很吸引人，里面有很多有价值的东西，但我还是认为这只是用一种新的方法来强调一个老的观念，那就是学习是最重要的。库克认为学习是如此重要，甚至应该给它做成披着游戏外衣的糖衣炮弹。如果孩子不是在学习，那么他就是在浪费时间的这种想法是罪魁祸首——这种想法蒙蔽了无数的教师和大多数督学。50年前我们的口号是"在做中学"，而今天我们的口号成了"在游戏中学习"，游戏成了为了达到某种目的的手段；但我不知道那个目的是否值得我们这么做。

如果有一个老师看到孩子们正在兴致勃勃地玩泥巴，在这个美好的时刻他立刻喋喋不休地谈起河岸冲蚀，他这到底是为了什么呢？孩子们对河岸冲蚀并不感兴趣。很多所谓的教育家都认为只要能教孩子，教些什么并不重要。当然了，在那些有如大规模生产工厂一样的学校里，老师们除了上课并渐渐深信这是最重要的事情以外，他们又能怎么做呢？

当我给一群老师做讲座的时候，我总是在开场白里就说清楚我将要讨论的不是学校课程设置、校规校纪或者授课。接下来的一个小时里我的听众全神贯注、默不做声；在热烈、真挚的掌声后，主持人宣布接下来是问答时间，我会解答大家的问题。至少有四分之三的提问都是围绕课程和教学方法的。

我并不是以一种居高临下的口气来说这番话的。我是以一种难过的口吻告诉大家教室的墙壁和监狱般的教学楼是如何使一个教师的见解变得狭隘，让他无法看到教育的真谛。他工作的着眼点仅仅是孩子脖子以上的那部分；这势必导致对于孩子来说极为重要的、情感的部分，他却一无所知。

我曾希望能见到我们年轻的教师们掀起一场更大规模的反叛运动。受过高等教育或拥有大学学历的个体并没有在对抗社会的邪恶面时起到不同的作用。一个有学识的神经病和一个目不识丁的神经病没有任何区别。无论是在资本主义国家、社会主义国家还是共产主义国家，你都能看到那些为孩子们精心建造的学校。但那些一流的实验室和工作室既不能帮约翰、彼得或是伊凡抚平情感上受到的创伤，也不能帮他们摆脱由家长和学校造成的压力以及伴随着这种压力而来的种种社会弊端，更不要说帮他们减轻这个强制性社会带来的压力了。

四、夏山毕业生面面观

你很难根据一个家长是否对未来充满恐惧来预测一个孩子未来的状况。很奇怪，家长们的这种恐惧通常是通过他们那种渴望自己的孩子比自己学得更多的愿望表现出来的。这样的家长绝不甘心让威利想什么时候学认字就什么时候学，相反地，他们紧张兮兮地害怕如果一旦没有人在身边敦促威利，他就会变成一个废物。这样的家长不愿等孩子以自然的速度成长。他们会问，"要是我儿子到了 12 岁还不识字，那他将来怎么可能有所成就？要是他 18 岁的时候通不过大学入学考试，除了那些毫无技术含量的工作他还能做什么呢？"但我已经学会了等待，即使孩子的进步微乎其微，甚至没有进步时，我也会耐心地在一旁注视他们。我从不怀疑到了最后，如果不是在身心上受到了伤害，他们一定会有所成就。当然那些在文化艺术方面没什么修养的人可以说，"哼，你管那些开卡车的司机也叫生活的成功者！"我衡量成功的标准是**能快乐地工作**和**积极地生活着**。在这样的标准下，大多数夏山的学生在生活中都是成功的。

汤姆在 5 岁的时候来到夏山学校，17 岁时离开学校，那些年来他从来没去上过一堂课。他花了很多时间在工作间里做些小玩意。他父母一想到他的将来就不寒而栗。他从来都没表露出想要学读书写字的愿望。但在他 9 岁时的一个晚上，我发现他在床上看《大卫·科波菲尔》(David Copperfield)。

"嗨，"我说，"是谁教你识字的？"

"我自己教自己。"

几年后，他来问我："1/2 加 2/5 怎么做？"于是我告诉了他。我问他是不是还想多学一些。"不用了，谢谢。"他说。

再后来他在一个电影摄影棚里当摄像师。当他还在见习时，我碰巧在一个晚宴上遇到了他的老板，我问他汤姆干得如何。

"我们从来没有过这么好的员工，"他的老板说道，"他总是赶着跑

31

去完成每件事——你看不到他走路。到了周末他可真是麻烦透了，因为就算是在周六、周日他都不肯离开摄影棚。"

还有一个叫杰克的男孩，他从来学不会读写，没有人能教会他。即便是他自己要求上读写课，似乎还是有某种我们看不到的原因让他无法区分 b 和 p，l 和 k。当他 17 岁离开学校的时候，他还是既不能读也不会写。

如今，杰克成了精密仪器制造专家，他很喜欢讨论金属制造。他现在已经认字了；但是据我所知，他基本上只看与机械相关的文章——有时他也会看心理学方面的书。我不认为他看过哪部小说，但他能说一口漂亮的没有语法错误的英语，而且他的基本知识面也很广。有个美国来的客人，他并不知道杰克以前的故事，告诉我说"杰克真是个聪明的小伙子！"

黛安是个可爱的女孩，但她老是对上课没什么兴趣，她的心思不在学习上。有很长一段时间，我一直在琢磨她以后会做什么。当她 16 岁离开夏山学校的时候，任何一个学校的督学都会宣布她是一个教育程度不高的女孩。今天黛安在伦敦演示一种新式烹调方法。她在自己工作的领域很出色，而且更重要的是她工作得很快乐。

有一家公司规定它的所有员工必须至少通过大学入学考试。我为罗伯特给这家公司的老板写了封信，"这个小伙子没有通过任何考试，因为他的思维不是学术型的。但是他有毅力、有勇气。"罗伯特得到了工作机会。

威尼弗雷德 13 岁的时候到夏山就读，她告诉我她痛恨所有的课程。当我告诉她在这里她可以想怎么做就怎么做的时候，她高兴地叫了起来。"你要是不想的话，甚至可以不来学校。"我说。

她让自己好好地放松了一段时间——大约几个星期的时间。然后我注意到她开始觉得无所事事了。

"教我些东西吧，"有一天她对我说，"我快闷死了。"

"好啊！"我高兴地说，"你想学什么呢？"

"我不知道。"她说。

"我也不知道啊。"我说道，然后走开了。

又过去了几个月，她又来找我。"我要通过大学入学考试，"她说，"我想到你这里来上课。"

于是每天早上她都来找我或者到其他教师那里去上课，而且她学得不错。她吐露说她对那些课程并没什么兴趣，但是那个目标确实让她有动力。威尼弗雷德是在聆听自己的意愿中找到自我的。

看到那些自由自在的孩子喜欢上数学课是很难得的，他们一般都能在地理和历史中找到乐趣。自由发展的孩子在所有学科里找出那些他们感兴趣的学科来学习。他们把大多数时间都花在其他兴趣爱好上——木工活、做金属制品、画画、看小说、表演、做做白日梦、听听爵士乐。

8 岁的汤姆老是不断地跑到我的办公室里来问我，"顺便问一下啊，我现在该干什么呢？"没有人会告诉他应该去做什么。

6 个月以后，你要是想找汤姆的话就要到他的房间里去找。在那里你会看到他总是埋头在纸堆里。他花很多的时间在绘制地图上。有一天一个来自维也纳大学的教授来夏山学校做客。他碰巧遇到了汤姆，问了他几个问题。后来他告诉我，"我考了考那个男孩的地理，他能说出我听都没听说过的地方。"

但是我也不能避而不谈我们那些不成功的案例。

来自瑞典 15 岁的芭贝和我们一起度过了一年的时间。在那段时间里，她没有发现任何感兴趣的事情。她来夏山的时候已经太晚了。在她生命中的过去十年里，都是老师们替她做的决定。当她来夏山的时候，她已经丧失了所有的主动性，百无聊赖。幸运的是，她很富裕，将来可以过那些小姐太太们的生活。

我们曾有过两个来自南斯拉夫学生，她们是姐妹俩，一个 11 岁，另外一个 14 岁。我们学校没能让她们感兴趣。她们俩大多时间都花在用克罗地亚语来编一些骂我的话。有个不太友好的朋友曾经把这些话翻译给我听过。要是我们的教育能在这样的情况下成功，那就真是一个奇迹了。因为我们共同的话题只有艺术和音乐。当她们的母亲来接她们走的时候，我是很高兴的。

这些年来，我们发现在夏山学习的那些对工程方面感兴趣的男孩子不太会想去参加大学入学考试。他们会直接去实训中心（practical training center），会更倾向于先去世界各地开开眼界，然后再安定下来开始学习大学课程。有个学生甚至到船上当起了水手，借此周游世界。有两个男孩子到肯尼亚种起了咖啡豆。一个男孩子去了澳大利亚，另一个甚至到了英属圭亚那。

德里克·博伊德（Derrick Boyd）是一个典型的在自由式教育的鼓励下成长起来的具有冒险精神的孩子。他8岁来到夏山，18岁离校的时候已经通过了大学入学考试。他想成为一名医生，但是当时他的父亲还没有钱送他去上大学。德里克决定趁这段等待的空当期去见见世面。他到了伦敦码头，花了两天试图找到一份工作——任何工作——甚至去做司炉。但是有人告诉他连许多真正的水手都找不到饭碗，于是他难过地回去了。

不久一个校友告诉他在西班牙有一位英国女士想找一个司机。德里克抓住了这次机会，他去了西班牙，替她扩建了房子，开着车带她跑遍了整个欧洲，然后进入大学学习。那位女士决定帮助他解决大学学费的问题。两年后，那位女士请他中断一年学业的时间，开车带她去肯尼亚并在当地造一所房子。最后他在开普敦完成了医学课程。

拉里在12岁的时候加入了我们这个集体，他在16岁的时候通过了大学入学考试，然后去了塔希提岛种水果。当发现这个职业的收入十分微薄的时候，他转行当起了司机。后来他又去了新西兰，据我所知他在那里做过各种各样的工作，包括重操旧业又当起了司机。后来他进入了布里斯班大学学习。不久前，我正好接待了该大学的训导主任，他对拉里的表现赞赏有加。"放假的时候通常学生们都回家了，"他说，"拉里却到一家锯木厂里干起了体力活。"他现在是埃塞克斯当地的一名实习医生。

有些年龄比较大的男孩确实没有显示出任何天赋，出于很显然的原因，我就不描述他们的故事了。我们学校出色的毕业生通常是那些有良好家庭环境的孩子。像德里克、杰克和拉里的家长都完全认同学校的做法，所以这些男孩子从来不用为那些烦人的冲突费心：到底谁是正确的，家还是学校？

夏山学校有没有培养出过天才呢？没有，到目前为止还没有什么天才，可能有一些尚未出名的发明家；一些朝气蓬勃的艺术家；几个聪明的音乐家；据我所知至今还没有一个成功的作家；但有一个出色的家具设计师兼家具工；几个演员；一些从事独创工作的科学家和数学家。如果考虑到我们的学校只能同时容纳 45 个学生的话，那么我们的毕业生从事创造性行业的比例还是相当高的。

但我常会说仅仅培养出一代具有自由精神的孩子并不能证明什么。即便是在夏山学校也有些学生会产生负罪感，觉得自己学得不够多。只要在这个世界上你想成为一个专业人士，就还要靠考试成绩来当敲门砖的话，孩子们就改变不了这样的想法。还不止这些，总有好管闲事的亲戚会跳出来大惊小怪地说"你都 11 岁了，居然还大字不识几个！"于是孩子会隐隐约约地意识到整个学校外的世界都是反对玩耍，支持学习的。

基本上自由式教育对 12 岁以下的孩子都能行得通，但是如果是超过 12 岁的孩子，他们需要一段长时间的适应期才能从之前所受的填鸭式教育中回过神来。

五、夏山学校的个别辅导课

在以前，我的主要工作不是集体教学而是进行"个别辅导课"。大部分的孩子都需要心理方面的关怀，但个别辅导课是为那些初来乍到的学生开设的，希望能帮助他们更快地适应这个自由的环境。如果一个孩子无法敞开他的心扉，那么他就无法适应这份自由。

所谓个别辅导课其实就是在壁炉边聊聊天。我坐在椅子上抽着我的烟斗，要是孩子愿意的话，他也可以抽。抽烟总是能让人打开话匣子。

有一次我请一个 14 岁的男孩到我办公室来和我谈谈，他刚从一所典型的公立学校转学来夏山。我注意到他的指尖已经被尼古丁熏黄了，于是我拿出我的烟匣递给他。"谢谢，"他结结巴巴地说，"但我不抽烟，先生。"

"拿一支吧。你这个该死的小骗子，"我笑着说道，于是他拿了一支。我这样做可以说是一箭双雕。对于面前的这个男孩来说校长总是严厉的，对道德的要求很严格，所以在校长面前要想办法浑水摸鱼才行。我给了他一支烟，这是在告诉他我并不反对这种行为。管他叫该死的小骗子，意味着我们是平等的。同时，我这样嬉笑怒骂的态度也是在化解他心中对于当权者的刻板印象和心结。我真希望能把我们第一次谈话时他的表情拍下来。

他在上一所学校由于偷窃被开除了。"我听说你骗人的本事不差，"我说，"你用过的最好的逃票的方法是什么？"

"我从来没试过逃票，先生。"

"噢，"我说道，"那怎么行。你必须试试看。我可是知道不少好办法呢。"于是我告诉了他一些。他听得目瞪口呆。他一定以为自己到了疯人院了。一个学校的校长竟然在教他怎么如何更高明地行骗？几年以后，他告诉我那一次个别辅导课让他毕生难忘。

怎样的孩子需要个别辅导课呢？最好的解释就是让我们来看几个事例吧。

一次低年级班的老师露西告诉我她觉得小佩吉看上去闷闷不乐的，而且不愿意和大家待在一起。我说："好吧，告诉她来我这里进行一次个别辅导。"佩吉到了我的起居室。

"我不想要什么个别辅导，"她坐下时说道，"这主意真是傻。"

"有道理，"我赞许地说，"纯粹是浪费时间，那我们就算了。"

她想了一下。"嗯，"她缓缓地说，"要是就一小会儿我倒不介意。"这时，她已经坐到了我的膝头上。我问了问她父母的情况，然后特别问候了一下她的小弟弟。她说他弟弟就是个愚蠢的小混蛋。

"他肯定是，"我说，"那你觉得你妈妈有没有偏心，喜欢他更多一点？"

"她爱我们两个一样多，"她飞快地回答我，还加了一句，"不管怎么样，她是这么说的。"

有时候一时的不快是因为和另一个孩子的争吵了。但更多的时候这样的不快的起因是一封家里寄来的信，信上可能提到了哪个兄弟姐妹又得到了一个新的洋娃娃或者自行车。等到个别辅导结束的时候，佩吉高高兴兴地走了。

要跟新来的学生进行个别辅导是比较吃力的。曾经有个 11 岁的孩子，以前别人告诉他是医生制造了婴儿，我们花了很大的工夫才让他摆脱了这些谎言和恐惧。因为很自然的，这样的孩子对手淫有一种罪恶感，如果要让这个孩子寻找到快乐就必须帮助他消除这种罪恶感。

大多数年龄小的孩子们不需要经常地进行个别辅导课。进行经常的个别辅导课的理想状态是那个孩子**确实需要**个别辅导课。有些年龄较大的孩子会确实需要个别辅导课，但很少会有年龄小的孩子也这样。

16 岁的查理一直觉得很自卑。我问他什么时候会觉得最自卑，他告诉我是在和大家一起洗澡的时候，发现他的阴茎要比别人的小得多。我向他解释他为什么会有这样的恐惧感。他在家里是最小的孩子，上面 6 个姐姐，而且他的姐姐都比他大得多，即使是最小的那个姐姐也比他大 10 岁。整个家里都是女性。他的父亲已经过世了，那些大姐姐们就颐指气使、发号施令。所以在生活中查理会把自己也当成女孩子，这样一来，他就觉得自己也能具有掌控权。

大约 10 次个别辅导课后，查理就不到我这里来了。我问他为什么。"我现在不需要个别辅导课啦，"他高兴地说；"我那东西现在和伯特的一样大了。"

但是我们那次短暂的康复疗程所涉及的内容并不是只有这些。有人曾经告诉查理手淫会让他长大以后出现性无能的问题，他对性无能的恐惧给他的生理状况也造成了影响。我们揭穿了那个愚蠢的谎言，并帮助他消除罪恶感，问题就解决了。一两年后查理离开了夏山学校。现在的他健康快乐，事业有成。

西尔维亚的父亲非常严厉，从来都没有夸奖过她。相反，他总是在她耳边喋喋不休地批评她，她一生中最大的愿望就是能得到父亲的爱。

她坐在自己的房间里，一边说着自己的故事，一边伤心地掉眼泪。要想帮到她并不容易。我们一起分析女儿的情况却无法让她的父亲有所改变。对于西尔维亚来说解决问题的方法就只有等她长大后离开这个家了。我提醒她将来可能会仅仅为了摆脱她的父亲而嫁错人。

"什么样的错的人？"她问道。

"像你父亲那样的人，会虐待你的人。"我说。

西尔维亚是个令人心疼的例子。她在夏山是个合群的、友善的女孩，不会冒犯别人，可在家里人人都说她像个魔鬼。很明显问题出在父亲的身上，需要心理分析的人是他——而不是那个做女儿的。

另一个无法解决的案例是小弗洛伦斯。她是个私生女，但她本人并不知情。我的经验是每一个非婚生孩子在潜意识里都对自己的身世有所洞察，弗洛伦斯肯定觉察到了她身上有着讳莫如深的秘密。我告诉她母亲要让她摆脱不快乐和仇恨的唯一的方法就是把真相告诉她。

"可是，尼尔，我不敢说。这对我来说倒没什么关系。可要是我告诉她了，她又告诉了别人，那么我母亲知道后一定会在遗嘱里把她的名字去掉的。"

好吧，好吧，那恐怕只有等那位祖母过世后，我们才能帮助小弗洛伦斯了。如果必须隐瞒那个至关重要的真相，那么我们现在真是爱莫能助。

有一次，一个20岁的男孩重回夏山学校，他告诉我他想要进行个别辅导课。

"可你当初在学校里的时候我们都谈了几十次了，"我说。

"我知道，"他难过地说，"几十次了，可我都没好好听，但现在我觉得我需要它们。"

现在，我已经不需要经常进行个别辅导课了。对于一般的孩子来说，只要你搞清楚他们的身世、他们对手淫的认知，以及家庭状况是不是容易让他们产生嫉妒和仇视的心理，接下来就没什么好做的了。想要治愈孩子们的心理问题就是要让他们的情绪得到宣泄，而不是向他阐述那些心理学理论，然后再告诉他，他的精神状态是不正常的。

我记得曾经帮助过一个15岁的男孩。一连几个星期下来他都在我们的个别辅导课中默不做声，只用一些单音节词来回答我的问题。于是我决定要豁出去了，在下一次个别辅导课时我对他说："我要告诉你今天早上想起你时我都想了些什么。你是个又懒又笨、自以为是、居心不良的傻瓜。"

"你居然这么说我？"他气得涨红了脸说道，"你以为你是谁？"从那时开始，他打开了话匣子，并且不再心不在焉。

还有 11 岁的乔治，他的父亲在临近格拉斯哥市的镇上做些小买卖。这个男孩是由他的医生送到我这儿的。乔治的问题是他有极度恐惧症。他害怕离开家，即便只是离开家去镇上的学校读书。每次要离开家的时候他都会害怕得尖叫。他的父亲费了好大的劲才让他来到夏山学校。他号啕大哭，抓着他的父亲不让他走。于是我建议他的父亲在这里留宿几天。

之前我已经从那位医生那里得知了事情的原委，根据我的判断那位医生的建议十分正确，给了我帮助。要让那位父亲脱身回家是个大问题。我试图和乔治谈谈，但他哭哭啼啼地说他想回家。"这儿就像个监狱，"他抽噎着说。我不顾他再掉眼泪，继续说下去。

"你 4 岁的时候，"我说道，"你的小弟弟被送去医院，回来的时候却只躺在了棺材里。"（他啜泣得更加厉害了。）"你害怕离开家里，因为你怕这样的事情也会发生在你身上——你怕自己也会躺在棺材里回去。"（他啜泣得更响了）"但这不是最重要的，乔治，我的孩子：**是你杀了你弟弟！**"

他情绪非常激动地抗议，还威胁说要踢我几脚。

"你当然没有**真的**杀死他，乔治，但是你觉得你妈妈更喜欢他；所以有时候，你希望他死掉。而当他真的死了，你有一种罪恶感，你觉得是你害死了他，你怕自己也离开家以后上帝就会来惩罚你。"

他的啜泣声渐渐小了。第二天，他在车站做了件了不起的事情，他让他的父亲回家了。

乔治过了一段时间才停止想家。在接下来的 18 个月里，每次假期他都坚持回家——而且没有人接送，他独自一人穿梭于伦敦的站台与站台之间，回夏山的时候也是一个人。

我渐渐发现如果孩子可以生活在一个自由的环境下，他们的问题就能慢慢地在生活中得到解决，所以心理辅导不是必需的。但是如果境况是像乔治当时那样的，那么光有一个自由的环境是不够的。

在过去我曾为那些有过偷窃行为的孩子进行过个别辅导课，并且看到了他们走上正路，但是也有些孩子拒绝了和我进行单独对话。在过了3年的自由生活后，那些男孩子们便自己走上了正途。

在夏山学校，是爱让他们走上了正途；孩子们在这里得到了赞许，他们可以做真正的自己。在全校45个学生中，接受个别辅导课的只是一小部分。我越来越坚信创造性的工作有治愈心灵创伤的作用。我本该让孩子们从事更多的手工劳动、戏剧和舞蹈活动。

我要澄清一点：个别辅导课的目的是为孩子的情绪创造一个释放的渠道。要是有个孩子不高兴了，我会和他进行一次个别辅导课。但要是他不识字或者讨厌数学，我是不会试图用这种分析的方法来解决问题的。有时候在进行个别辅导课的时候，我们会发现一个孩子始终不识字的原因是他的母亲老是对他说"要做一个聪明、乖巧的孩子，就像你哥哥那样"，或者一个孩子之所以不喜欢数学是因为他讨厌以前的那个数学老师。

很自然地，在学校里孩子们会把我当成他们的父亲，而把我的妻子当成他们的母亲。从社会关系的角度上来讲，我妻子担心的事情要比我多，因为女孩子们常常无意识地把她们对母亲的厌恶转移到我妻子身上，而我却从她们那里得到了爱。男孩子们也一样，他们把对母亲的爱给了我妻子，却把对父亲的憎恨转移到我身上。但是男孩子们不会像女孩子们那样轻易地就把厌恶之情表现出来，这是因为男孩子更倾向于找一样东西来发泄而不是找个人来发泄。男孩子生气了可能会一脚把一个球踹飞，女孩子可能就会冲着她们母亲的替身恶言相向。

为了公平起见，我一定要说明一点，女孩们也只有在人生一个特定的阶段特别难相处——青春期的第一年以及青春期前的那段时间，而且也并不是所有女孩子在这个阶段都会这样的。这一切不仅取决于她们先前就读的学校，更多的还取决于她们的母亲是如何行使家长的权力去管教她们。

在个别辅导课中我会指出学校和家庭之间这种互相呼应的关系，任何对于我本人的批评我会理解为孩子对父亲的不满。同样的，我把对我妻子的指控理解为对母亲的不满。我在分析的时候力求保持客观，任何主观的想法对于孩子来说都是不公平的。

有时会不可避免地需要一些主观的解释，就像在简身上发生的情况。简是个 13 岁的孩子，她到处和其他孩子们说尼尔要见他们。

一连串孩子来敲我的门——"简说你找我。"后来我告诉简，她之所以会叫其他孩子来找我是因为她自己想要来找我。

那么进行个别辅导课有没有什么技巧呢？我没有什么固定的做法。有时，我会用一个问题来做开场白，"当你看着镜子里的自己的时候，你喜欢自己的脸吗？"我得到的答案始终是不喜欢。

"你最不喜欢脸上的哪个部分？"我得到的回答无一例外的是，"我的鼻子。"

就连成年人的回答都是一样的。人的脸是外界认识他的标识符。当我们想起一个人时，我们总是先想起他的脸。当我们和别人谈话时，目光也总是停留在别人的脸上。所以脸成了内在自我在外部世界的化身。当一个孩子说他不喜欢自己的脸的时候，他的意思是他不喜欢自己的性格。接下来，我会把话题从脸转移到孩子自己身上。

"你最不满意自己哪一点？"我问道。

通常孩子们给出的答案都是生理上的，"我的脚太大了。""太胖。""个子太矮。""我的头发。"

我从来不会给出我的意见——不会赞同他或她太胖还是太瘦了。我也不会硬把话题扯到其他地方。要是孩子们愿意谈谈自己的样子，我们会一起讨论，直到再也没有什么好说的了，这时候我们才会开始讨论到性格。

我通常会做个小测试。"我会在纸上写下一些事情，"我会说，"你自己来做这个测试，你给自己如实地打分。比如我会要求你以 100 分为满分，给自己的做游戏的能力或者勇气等打分。"于是测试开始了。

下面是一个 14 岁的男孩给自己的评分。

外表："噢，不怎么好看，大概 45 分吧。"

智力："嗯，60 分。"

勇气："25 分。"

忠诚："我可从来没让爸妈失望过——那就 80 分。"

音乐："0 分。"

手工劳动：他咕哝了一个数字，我没听清楚。

憎恨："这个也太难了，我没办法回答。"

游戏："66 分。"

人际关系："90 分。"

做傻事："噢，大概 190 分。"

在孩子们回答的时候我们很自然地可以顺便讨论一下他的答案。我发现从孩子自己身上引出话题是最容易的，因为这样做能引起他们的兴趣。然后我们再逐渐地把话题引向他的家人，这样孩子们就能毫无拘束、兴致勃勃地讲下去。

与年龄小的孩子谈话就更需要随机应变。我要跟着他们的思路走。这里有一个典型的第一次个别辅导课的例子，主人公是 6 岁的玛格丽特。她到我的办公室来对我说，"我想要一次个别辅导课。"

"好哇。"我说。

于是她在安乐椅里坐了下来。

"个别辅导课是什么呀？"她问我。

"那可不是一样吃的东西，"我说，"不过，我的口袋里到好像是有块黄油奶糖。阿哈，在这儿呢。"我把糖递给了她。

"你为什么想要一次个别辅导课？"我问她。

"伊夫琳上过一次个别辅导课，所以我也想要一次。"

"好的。那你先说吧，你想谈些什么？"

"我有个洋娃娃。（她停顿了一下）你是从哪里弄来壁炉台上的那个东西的？（很显然，她并不想知道答案）你来这里之前，谁住在这里？"

我听得出来她的那些问题表示她很想知道一件很关键的事情，而我猜那件事情和生孩子有关。

"孩子是从哪儿来的？"我直接问道。

玛格丽特一下子站起来冲到门口。

"我讨厌个别辅导课。"她说，然后走掉了。但是几天后，她又来了——于是我们继续讨论先前的话题。

6 岁的小汤米也喜欢个别辅导课，只要我保证不提起那些"下流"的事情。因为前 3 次个别辅导课他都气呼呼地夺门而出，而且我知道那是为什么。我知道他真正感兴趣的恰恰是那些所谓下流的事情，他是被那些不允许他手淫的人影响了。

很多孩子从来没有进行过个别辅导课，他们不需要个别辅导课。他们是被正确的方式带大的，他们的童年没有来自家长的谎言和说教。

心理辅导并不是立竿见影的，有时可能需要一年的时间，辅导的效果才能显现出来。所以，对于一些年龄比较大的孩子，即使他们离开学校的时候心理状况还不稳定，我也不会太担心。

汤姆转来我们学校是因为他原来的学校没有办法管教他，我给他安排了一整年密集的个别谈话，但是并没有看到什么明显的效果。当他从夏山毕业的时候，他看起来毫无前途可言。但是 1 年以后，他的父母写信告诉我汤姆突然决定要成为一名医生，并且在大学里学习十分刻苦。

比尔看上去更没希望。他的个别辅导课整整进行了 3 年。18 岁那年他离开夏山的时候俨然是一副无所事事、胸无大志的样子。毕业后的一年里，他换了一个又一个工作，然后他决定要做一个农夫。之后我听到的各种说法都说明他热爱这份工作，并且做得相当不错。

个别辅导课从本质上来讲是一次再教育过程，谈话的目的就是消除所有由道德感和恐惧造成的困扰。

一个像夏山一样采取自由教育方式的学校也可以不安排个别辅导课。个别辅导课的作用是给再教育加速，就好像让孩子们在迎来自由教育的夏天时先进行一次春季大扫除。

六、自我管理

夏山学校是一所以民主的方式进行自我管理的学校。所有与集体和生活有关的事情，甚至包括对违反规定的相关处罚，都是在星期六的学校全体会议中投票决定的。

图6　生日会上的尼尔，1961

每个教职员工和每个学生都有投票权，不论年龄。我的那一票和一个 7 岁孩子的一票所占的比重是一样的。

有人可能会笑笑说，"可是大家都会听你的，不是吗？"好，让我们来看看吧。有一次我在全校会议上提议：未满 16 岁的孩子不能吸烟。我的理由是：烟草对健康有害，容易上瘾，而且孩子们并不是真的想抽烟，他们抽烟是想显示自己长大了。反对声不绝于耳。随后开始投票，结果以我的惨败而告终。

接下来发生的事情绝对值得一提。在我失败后，有个 16 岁的男孩提议：未满 12 岁的孩子不能吸烟。他的提议通过了。可是到了第二个星期的学校全体会议上，一个 12 岁的男孩提议废除这条新的规定，他说，"我们现在不得不到厕所里偷偷地吸烟，这和其他那些学校的情况没什么两样，我觉得这和夏山的办学理念是不符的。"他的发言得到了满堂喝彩，于是这条新规定在会议上被废除了。我希望这件事能向大家说明，在夏山大家一视同仁，我的发言并不一定总是比孩子们的更有说服力。

我们通过民主的方式来制定校规——其中一些相当不错。比如，在没有救生员的看护时不可以到海里游泳，救生员一般由教职员工来担任；禁止攀爬屋顶；按时就寝不然就要罚款；通过全校会议上的举手表决来决定假日前的周四或周五是不是要停课。

全校会议的成功与否很大程度上取决于主持人的表现，毕竟要在 45 个精力旺盛的孩子中维持秩序绝非易事。主持人有权对那些不顾秩序、吵吵嚷嚷的人罚款。但如果主持人本人的态度不够强硬，就不得不一直罚款。

教师们当然也能参与讨论。我本人也是如此，尽管在有些时候我不得不保持中立。事实上我记得有一次一个男孩靠一些推托之辞躲过了处罚，其实在私底下他告诉过我他确实犯了错。在这样的情况下，我必须站在个人的角度上处理这种问题，帮他保守秘密。

当然，我和其他人一样投票，一样提出自己的提议。这里有一个很好的例子：有一次我提出一个问题，问是不是可以不在走廊里踢足球。

那条走廊正好在我的办公室下面，我向大家解释我不喜欢在工作的时候被踢球的吵闹声打扰。我提议禁止室内足球。尽管我得到了一些女孩子、一些年龄比较大的男孩子以及大多数教师的支持，我的提议还是没有通过。这意味着我不得不继续忍受楼下传来的吵闹的踢球声。在几次会议上的公开讨论后，我的提议终于被多数通过了：禁止在室内踢足球。这就是少数群体如何在这个民主的制度下获得自己权利的方法，不断地争取他们的权利。这种方法无论对孩子还是成人都行之有效。

图7　尼尔的讲故事时间，20世纪30年代

另外学校也有一些事是不通过自治会来决定的。比如，我的妻子负责安排寝室、菜单、寄账单和付账单。我负责聘请老师，当他们不能胜任时，我会请他们另谋高就。

夏山的自治会不仅负责制定校规，它还会讨论学校生活方面的问题。在每个学期初，大家会投票决定就寝时间，每个人的就寝时间视他的年龄而定，还有其他日常行为规范的问题。此外还重新选举体育小组、期末舞蹈小组、戏剧小组、宿管员以及负责汇报夏山学生在校外不端行为的校外表现监督员（downtown officer），这些都需要重新选举产生。

最令人激动的话题莫过于食物了。我好几次靠提议取消添饭、添菜，让沉闷的会议上那些昏昏欲睡的小脑袋提起精神来。厨房的工作人员要是对任何人表现出优待就应一律严惩不贷。但要是厨房的工作人员谈起浪费食物，这个话题就不怎么让人感兴趣了。孩子们对食物这个话题的兴趣归根结底是为了他们自己。

在学校全体会议上不会讨论学术问题。孩子们说到底都是不愿意听理论的。他们更青睐实实在在的话题，而不是那些抽象的话题。有一次我提议依靠建立相关的校规以杜绝学生们说脏话，并且给出了我的理由。有一次我带领一个小男孩和他的母亲参观夏山学校，那个男孩很有可能会就读于夏山学校。突然从楼上传来了一个令人震惊的形容词。这位夫人忙不迭地带着她的孩子走了。我在会上问道，"因为某个傻瓜在一位可能成为我们学生的家长面前骂了句脏话，凭什么我的收入就要减少？这根本不是一个道德问题，完全是个财务的问题。你们骂了句脏话，我就少了个学生。"

一个14岁的男孩回答了我的问题。"尼尔在胡说八道，"他说，"很明显，要是那位夫人听见了句脏话就吓得半死，那她就不会信任夏山学校。即使她让她的孩子到夏山来上学，那个孩子回到家里说出第一个'他妈的'或者'见鬼'的时候，她就会让他转学的。"大会成员都同意他的说法，于是我的提议被否决了。

在全体学校会议上经常要解决一些欺负弱小的事件。在我们学校，欺负弱小的人会受到严厉的处罚。我注意到在布告栏上学校自治会关于欺负弱小的规定是被重点划出的：**欺负弱小、严惩不贷**。在夏山，欺负弱小的事件并不像在一般那些比较严格的学校里那么常见，原因并不难找。在成年人制定的那些条条框框的规定下，孩子们的心中埋下了仇恨的种子。孩子们怕受到惩罚所以不敢把脾气发在大人身上，所以他找那些年龄小或者弱小的孩子当出气筒。但是这样的事情在夏山很少见。通常情况下，那些欺负弱小的事件经过详查后，结果可能只是因为简妮管佩吉叫神经病。

有时候全校会议还会遇到偷窃事件。对于偷窃倒没有什么严厉的处罚，但是会有赔偿的要求。经常会有孩子跑到我这里来问，"约翰偷了大卫的钱。这是个心理问题吗？我们要在会上处理这件事吗？"

如果我认为这件事的起因是约翰的心理问题，需要个别关注，那我会告诉他们把事情留给我来处理。要是约翰是个快乐、正常的孩子，他偷的东西也没什么要紧，那我会让他们起诉他。最后的结果充其量是他的零花钱会一分都不剩下，直到他把所有欠的钱都还上。

全校大会是如何召开的呢？在每个学期之初，都会选出一个主席，不得连任，并由他在会议结束的时候指定下一任主席。这样的方式一直持续到学期结束。任何人要是有什么不满、指控、建议或者新校规的提议都可以在大会上提出。

这里有一个很典型的例子：吉姆自己的车坏了，但他想和其他男孩子们一起去周末旅行，于是他拿走了杰克自行车上的踏板，装到了自己的自行车上。考虑到证据充分，自治会裁定吉姆要把踏板还给杰克，并且不允许他参加周末旅行。

主席问："有人反对吗？"

吉姆站了起来吼道："当然有了！"当然他的原话可没那么有礼貌。"这不公平！"他叫道，"我还以为杰克不要那破辆车了呢。那辆自行车在灌木丛里放了好久了。我不介意把踏板还给他。只是这次的惩罚不公平，为什么我不能参加周末旅行呢？"

大家开始热烈地讨论起来。在讨论中大家得知通常吉姆每周都能得到家里给的零花钱。但是最近六个星期以来，他一直没有收到家里寄来的零花钱，他已经身无分文了。于是会议上投票决定撤销对他的处罚，可以说撤销得非常及时。

那么接下来呢？大会决定为吉姆募集一笔维修自行车的基金。他的校友们纷纷慷慨解囊，为他的自行车买了新的踏板，于是吉姆高高兴兴地骑着自行车去旅行了。

　　一般情况下，受罚者都会服从大会作出的裁决。但如果他不接受裁决，可以提出异议。此时，主席会在散会前再次提出这个案子。因为是再次审理，大家都会更加慎重。原告是由于不服才会提出异议的。这时候孩子们明白如果当事人自己觉得裁决是不公平的，那么事实很有可能就是如此。

　　在夏山没有哪个违规受罚者对学校的裁决表示出不屑或者暗自怀恨在心，孩子们心甘情愿受罚的态度让我觉得很意外。

　　有一个学期，学校里4个年纪最大的男孩在全体会议上被起诉，因为违反校规——他们出售衣橱里的衣物。当时校规禁止出售衣物，因为这不仅对出钱买这些衣物的家长来说是不公平的，而且对学校也会有不好的影响，因为如果学生们回家的时候穿得破破烂烂，家长一定会责怪学校没有用心照顾好孩子们。这4个男孩被关了4天的禁闭，并且每天8点就要上床。他们吭都没吭一声就接受了处罚。星期一晚上，其他学生都去镇上的电影院看电影时，我发现4个男孩中一个名叫的迪克正躺在床上看书。

　　"你真是个傻瓜，"我说，"大家都去看电影了，你干吗不起来？"

　　"别开玩笑了。"他回答。

　　夏山的学生信守自己定下的规则，这一点令人称赞。孩子们这么做不是出于害怕，所以他们也不会心存芥蒂。我见到过大会为了一个男孩子因为某些不合群的行为接受了很长的时间的审理，最后他接受了处罚。但往往一个孩子这边刚刚受完罚，那边就被任命为下一次会议的主席。

　　孩子们表现出来的正义感令我惊叹不已，他们的行政能力也很强，自治在教育上实在是有无穷的价值。

　　有些类型的违规不用在大会上讨论，相应的罚款处罚会自动生成。比如你未经他人许可，偷骑了别人的自行车，那么就要被罚缴6个便士。在镇上骂脏话（但是你在学校里可以随便骂），在看电影的时候出现不良表现，攀爬屋顶，在餐厅里乱丢食物——这一类违规的处罚都是有章可循的。

　　基本上我们所有的处罚都是用罚款的方式：把这周的零花钱上缴或者不许你参加下次看电影的活动。

　　我经常听到人们不赞成让孩子自我管理的原因是他们觉得孩子给的处罚通常都太重了。我发现事情并非如此。相反地，他们在执法时相当宽容。夏山从来没有出现过苛政的现象。而且他们给出的判罚都是和肇事者的违规行为密切相关的。

　　比如，3个小姑娘打扰了别人的睡眠休息，对她们的处罚是：要连续一周比别人早上床睡觉一个小时。两个男孩子用泥巴扔其他的孩子，处罚是：他们负责搬运那些用来整平曲棍球场的泥土。

　　主席经常会说，"这件事傻到没什么好说的，"然后决定不予以任何判罚。

　　有一次，我们的秘书长被发现没有经过金吉的同意就用了他的自行车，他和另外两个犯了同样错误的孩子被罚在大草坪上用金吉的自行车轮流推另外两个人各走10次。

　　4个小男孩擅自用了在修建新工作室的建筑工人的爬梯，他们被罚要在梯子上上下不停地爬上10分钟。

　　自治大会从来不会征询成年人的意见。在我的记忆中只有一次这样的经历。3个女孩偷拿厨房食物储藏室的东西吃，大会上她们被罚交出了零花钱，当晚她们就又去厨房偷拿东西吃，于是大会决定剥夺一次她们去看电影的权利。她们接着又故伎重施，大会不知道接下来该怎么做。于是主席就来问我的意见。"奖励她们一人两便士。"我说，"什么？为什么，伙计，我们要是这么做的话整个学校都要打厨房的主意了。""不会的，"我说，"试试看吧。"

　　他照我说的这么做了。其中的两个女孩拒绝接受这些钱，她们3个人都说以后不会再去食物储藏室偷食物了。她们没有再这么做——有两个月没有再这么做。

　　你很难在会议上看到自以为是的行为。学校上上下下所有人都讨厌自以为是。曾经有个11岁的男孩，他有很强的自我表现欲，他在会上为了引起大家的注意连篇累牍地作了一番与会议主题毫不相关的发言。最后，他试图继续说下去，但大会打断了他的发言。孩子们能很敏锐地辨别出那些不真诚的人和话。

我相信在夏山学校里我们证明了自治管理是一种颇有成效的管理方法。说实话，一个学校如果没有让学生参与到自我管理中，就不能算是一个进步的学校。那只是一个奉行中庸之道的学校。要是学生们没有管理自己日常生活的权利就没有真正的自由可言。学校里要是有一个人说了算，就没有真正的自由可言。一个乐善好施而又和蔼的管理者比一个仰仗纪律的管理者更应该明白这一点。因为大胆、勇敢的孩子会反抗苛刻的管理者，而和蔼的管理者会软化孩子们的态度，让他们搞不清楚自己的真实感受。

学校里良好的自治秩序需要那些年龄较大的学生来帮助维持。他们喜欢平静的生活，会对付小鬼的冷漠和反抗。这些年龄较大的年轻人可能在投票的时候寡不敌众，但他们真正相信自我管理并且需要自我管理。从另一方面来说，12 岁以下的孩子靠自己很难很好地进行自我管理，因为他们的年龄尚小，不理解他们在集体中扮演的角色。尽管在夏山学校就连 7 岁大的孩子也很少会缺席全体会议。

有一年的春天我们不怎么幸运。当时那些比较热心集体活动的高年级学生在通过大学入学考后离校了，所以当时学校里的高年级学生很少。学校里大多数学生正处在一个无法无天的年龄。尽管在发言的时候他们表现得不错，但是他们还没有办法很好地管理学校。他们表决通过了所有被提出的提议，但是一转身就忘了这些规定，还老是做些违规的事。而那些留在学校里的高年级学生又偏偏都是些个人主义者，他们情愿自顾自，所以违规的事情多到教职员工们成天忙着数都数不过来。于是在一次学校全体会议上我不得不严厉地指出目前的高年级班的学生不仅是不关心集体，而且是目无集体。他们不顾关于就寝时间的规定，总是很晚才上床睡觉，丝毫不关心低年级的学生无法无天的行为。

老实说，年幼的孩子对自治组织并不很热心。要是放任他们不管，我很怀疑这个组织会不会继续存在。他们的价值观与我们不同，所以他们的行为方式也与我们不同。

给孩子们制定严格的纪律对于成人来说是最简单的得到安宁和秩序的方法。谁不会板起张脸呢？我自己也不知道有什么更理想的方法能让孩子们静下来。这些年来，夏山的生活显然对大人来说不算够安静，但起码对孩子们来说不算太吵。或许我们应该用"生活是否幸福"作为衡量标准，那么夏山的自治做法是卓有成效的。

禁止将各种危险物品带入校内，这条校规就要求部分学生作出妥协。气枪是禁用的，那些想在学校里玩气枪的孩子不喜欢这条校规。但是总体来说，他们还是能遵守它的。在成为少数分子的时候，孩子们的反应没有成年人那么强烈。

在夏山，还有一个永远解决不了的老问题，你可以称之为**个人与集体之间的矛盾**。曾经有一度，一个叫简的问题女孩带着一群女孩子四处骚扰别人，把水泼到别人身上，不按时睡觉，总之就是处处惹人嫌，所有的老师和学生都很生气。在一次学校全体会议上，简遭到了大家的声讨，大家谴责她滥用自由，还把这当做挡箭牌。

一位造访夏山的心理学家对我说："这样做是不对的。这个女孩子的脸上找不到快乐，她从来没有被爱过，这样子公开批评她会更让她觉得没有人爱她。她需要的是人们的爱，而不是批评。"

"亲爱的夫人，"我回答，"我们**曾经**试图用爱来改变她。好几个星期以来，她这些破坏集体的行动都受到了表扬。我们给过她爱和包容，但是她没有回应。她更愿意把我们当傻瓜，当出气筒。我们不能单单为了她牺牲整个学校。"

我不知道最后的结局是如何的。但是我知道等简 15 岁的时候，她会变成一个合群的孩子，而不是带头捣乱的孩子。我相信公众舆论的力量，没有孩子愿意一直被别人讨厌、批评。至于说大会上的批评，我认为不应该为了一个问题学生牺牲所有其他的孩子。

有一次学校来了个 6 岁大的男孩，他之前的生活很不愉快。他使用暴力欺负弱小，对周遭的一切充满仇恨。那些四五岁大的孩子都被他欺负，有人还哭了。整个学校采取措施来保护这些孩子们；但是这些措施肯定是把这个欺负弱小的孩子放在对立的位置的。我们不能因为两位家长的失职而影响到那些受家长们关爱的孩子们。

在极个别的情况下，我不得不把某个孩子送回去，因为他们的存在让学校变成地狱。这样做让我觉得很遗憾，有一些挫败感，但是我没有其他的办法。

这些年来有没有什么时候我觉得不得不改变让孩子自我管理的想法？总的来说，没有。我不能想象没有自治会的夏山学校。自治会是那么的受欢迎，每次我们都会邀请来访的客人参观自治会。当然这样做有它的缺点，记得有一次一个14岁的女孩在会上小声地对我说："我本来想谈谈关于女孩子们把卫生巾丢在马桶里造成抽水马堵塞的问题，可你看看有那么多来参观的客人。"我告诉她别管那些客人，照说不误，她确实这样做了。

让孩子们自己当家做主的做法有着非常重要的教育价值。在夏山学校学生们会拼命争取自我管理的权利。在我看来，一次学校全体会议要比上一星期的课有意义得多。它为学生们提供了一个非常好的当众发言的舞台，多数学生甚至都没有意识到自己的发言是多么出色。我常常能听到那些既不能读也不会写的孩子作出相当言之有物的发言。

我想不出有什么更好的方法来替代夏山的民主教学与民主管理的方式。我们现有的制度甚至比政治上提倡的民主作风更开明，因为孩子们通常心胸宽广，而且他们没有什么特殊利益需要顾忌。由于所有的规定都是在完全开放的环境下制定的，被选出的代表发言也不会言不由衷，这里的民主作风反而更加纯粹。

总而言之，我们的自治之所以会如此重要也是因为我们的孩子们能切中要害。他们制定的校规不仅治标而且能治本。镇上的那些行为规范说到底就是牺牲了公众们的部分自由。"镇上"——对于夏山来说就是外面的世界——把宝贵的精力都浪费在为那些无足轻重的小事操心。就好像你的衣着是否考究或者你骂了句"该死"之类的事会改变你的人生轨迹似的。夏山学校摆脱了外界那些无关紧要的事情，使得这里的团队精神领先于其身处的时代。当然是你把铁锹叫做讨厌的铲子的，但是任何一个挖沟人都会认真地告诉你铁锹就是令人讨厌的铲子。

七、男女同校

在大多数学校，通常有明确的相关校规在男生和女生之间筑起一道屏障，尤其是他们就寝的地方。学校不允许同学之间产生恋爱关系。在夏山学校我们也不鼓励这种关系，但是我们不会压制学生。

在夏山学校我们不会刻意地隔离男女生，他们之间的关系显得很健康。没有哪一方会抱着对另一个性别不切实际的幻想或者错觉长大。我不是说夏山学校就像一个大家庭一样，在这儿所有的男孩、女孩都像兄弟姐妹一样相亲相爱。要是这样的话，我一定坚决反对男女同校。

在真正男女同校的环境下——不是那种男女生一起上课，但是住宿和其他活动都分开——不会存在那种既对异性感到好奇又觉得有这样的好奇心是一件令人羞耻的事情的心理。夏山学校没有偷窥者。这里的孩子们表现出的对性的焦虑也远比其他学校少。

时不时会有一个成年人在造访夏山学校的时候问我："孩子们会不会都睡到一起呢？"当我给出否定的回答时，他或她会惊呼，"怎么可能呢？换成我在他们这么大的时候，一定只是一心想着怎么享乐的。"

就是有这样一种人，他们以为男女同校就意味着拿到了一张性行为不受任何约束的通行证，而且这些人绝不会承认他们之所以反对男女同校是出于这样的想法。他们会冠冕堂皇地说因为男孩子和女孩子的学习能力不同，所以他们不应该在一起上课。

学校应该实行男女同校的制度，这是因为在现实生活中没有人会把男性和女性隔离开来。但是很多家长和老师都害怕男女同校会带来未成年少女怀孕的问题。确实，我曾听到过有些男女同校的校长为这个问题彻夜难眠。

那些受到道德思想高度约束的孩子对异性却爱不起来。这个消息可能让那些为孩子性行为担惊受怕的人大舒一口气；但是年纪轻轻却失去了爱的能力，这真是人类的一大悲哀。

我曾经问过来自一所著名的私立男女同校的学生，在他们的学校里有没有学生谈恋爱，他们的回答是没有。看到我一脸惊讶，他们告诉我，"有时候会有个别的男生和女生的关系特别好，但是从来没有人谈恋爱。"因为我在校园里看到过一些帅气的男生和漂亮的女生，我知道这所学校把敌视爱情的观念灌输给学生，而且学校里高度的道德观念压制着学生们对性的兴趣。

我曾经问过一所教学方法颇为先进的学校的校长，"你们学校里有学生谈恋爱吗？""没有，"他严肃地回答我，"但是，我们从不招收问题学生。"

那些反对男女同校的人可能又会说这样的制度会让男孩子变得女性化，女孩子变得男性化。其实在他们骨子里还是有一种道德的恐惧，那实际上更是一种充满嫉妒意味的恐惧。基于爱情的性是世界上最令人愉快的事情，因此它才会被那些充满嫉妒的人所压制。其他的种种解释都是借口。

几年前，有两个学生同时转学到夏山：一个从一所私立男校转来的17岁的男孩和一个从私立女校转来的16岁的女孩。他们两情相悦，而且总是形影不离。一天深夜我遇见了他们俩，于是我叫住了他们。"我不知道你们两个在做什么，"我说，"而且从道义上来讲我也不在乎你们在做什么，因为这不是一个道德问题，但是从经济的角度来说我在乎。凯特，如果你怀孕了，我的学校就完了。"

我继续朝这个方向谈下去，"你们要明白，"我说，"你们刚刚来到夏山。夏山对你们来说仅仅意味着一个你可以想干什么就干什么的地方。你们对这所学校没有特殊的感情，这也是很自然的。但是如果你是从7岁的时候就在这里长大，我都不需要来提醒你们。你们会对这所学校有深厚的感情，而且**会去**考虑你们的行为可能给夏山带来怎样的后果。"这是我能使用的唯一解决问题的方法。值得庆幸的是，我后来再没为这件事找他们俩谈过话。

八、劳动

在夏山学校我们曾有这样一条校规，规定所有 12 岁以上的学生和所有的教职人员每个星期都要在校内劳动两小时，报酬是象征性的每小时 6 个便士。要是你不参加劳动，就会倒罚 1 个先令，包括一些教师在内都情愿被罚款也不劳动。那些劳动的人，也大多眼巴巴地盯着钟表，希望两个小时快点儿到。这些劳动一点趣味性都没有，所以大家都觉得很无聊。后来这条校规被再次提出进行讨论，孩子们一致通过废除该校规。

几年前，夏山需要一个医务室。我们决定自己造一间——用砖头和水泥来造一间真正的医务室。尽管我们中没有人做过添砖砌瓦的活，可我们还是动手干了起来。一些学生帮忙打地基，拆了几堵旧的砖墙上的砖来用。但是有些学生要求付工资，我们没有答应。到最后，医务室是靠教师和客人造起来的。造医务室对于孩子们来说太无聊了，在他们的小脑袋里，养病用的地方根本没什么用。他们觉得医务室和他们根本没关系。不久后，他们决定要造一个车棚，这下他们倒是没有靠别人的帮助，自己把车棚造好了。

我现在写的都是孩子真实的样子，而不是成人们假想孩子应该如何的样子。小孩子们要到 18 岁或者 18 岁以上才会有集体意识——或者说是社会责任感。他们只关心眼前的利益，未来对他们来说是不存在的。

我从没见过一个懒孩子。所谓的懒惰都是由于缺乏兴趣或者精力不够造成的。一个健康的孩子是闲不下来的，他非得一天到晚找点儿事来做做。比如，有一个孩子身体很健康但大家都认为他很懒。他对数学根本没有兴趣，但按教学大纲的要求，他却不得不学习数学。他当然会显得兴趣缺乏，于是他的数学老师认为他是个懒孩子。

我看到一段文章，上面说如果一对夫妇整个晚上都在外面跳舞并且一曲不落，他们相当于步行了 25 英里的路，但他们一点儿都不会觉得累，因为他们整个晚上都过得很开心——如果他们的步调和谐的话。对于孩子来说也是一样的，在课堂上看起来懒洋洋的男孩到了足球场上可是生龙活虎的。

要让 17 岁大的男孩帮我种个马铃薯或者除个草就跟登天一样难，但他们给马达加油、洗车、做无线电，一摆弄起来就是几个小时。我花了好长的时间才适应这样的情况。有一天我在我弟弟苏格兰的花园里做园艺的时候终于明白为什么会这样了。当时我觉得很无聊，突然意识到我之所以会觉得无聊是因为这个花园不是我的。我的花园又不是那些男孩子的，所以那对他们来说毫无意义，但是他们自己的自行车和无线电就完全不同了。要想做到真正的利他是很难的，即便做到了也不排除有个人因素在其中。

幼儿对于劳动的态度和青少年的态度截然不同。夏山学校里那些3—8 岁低年级班的学生，他们搅拌水泥、运送沙子、清洗砖块，忙得不亦乐乎，而且他们不计较报酬。他们觉得自己是大人了，劳动让他们梦想成真。

但是从八九岁开始一直到十九、二十岁，孩子们就不愿意做简单的体力活了。起码对于大多数孩子来说是如此；当然也不排除有个别的孩子从他们孩提时代一直到长大后都喜欢做这类工作。

事实上作为成年人，我们老是在剥削孩子的劳动力。"马里恩，帮我到楼下把信给寄了。"任何一个孩子都讨厌被人指使。大多数孩子根本意识不到是父母给他吃，给他穿。他觉得这些是他与生俱来的权利，但另一方面他又意识到父母希望他或者说他应该帮父母做很多连他们自己都不愿意去做的杂事。

我曾经读到过一篇文章，上面写道有一所美国的学校是由该学校自己的学生建造的。我一度认为那是种很理想的做法。其实不然，要是那所学校真是学生们自己造的，能肯定的是在一旁一定有个看上去慈眉善目的当权者，起劲地喊着口号。要是没有这样一个当权者在一旁，孩子们**根本就不会去干建造教学楼的活**。

我个人的看法是一个通情达理的社会不该要求 18 岁以下的孩子劳

动工作。大多数男孩和女孩们在 18 岁前有很多事情要做，比如玩耍或者一些在家长眼中毫无经济效益的工作。每当我想到孩子们为了应付考试不得不去做那些堆积如山的功课就觉得很难过。我能理解为什么在战前的布达佩斯，每次大学入学考试后会有近一半的学生或是心理上或是生理上被累垮。

夏山的学生之所以在日后的工作岗位上能有如此勤勉的表现，就是因为这些男孩和女孩们在夏山的时候就已经愉快地度过了他们最自我中心的阶段。所以他们长大后能诚实地面对生活，而不是在潜意识里还留有孩提时代未能痛快玩耍的遗憾。

九、玩耍

夏山学校的特色之一就是，在这里游戏是孩子们最重要的事情。我不知道为什么孩子们和小猫咪一样爱玩？我猜可能是和他们无限的精力有关吧。

我所说的游戏并不是指那种在竞技场上的有规则的游戏，我说的是孩子们靠自己的想象力，想怎么玩就怎么玩。那些有规则的游戏通常需要靠技巧、竞争意识、团队合作才能取胜。但是孩子们平时玩的游戏比如士兵抓强盗，根本就不需要什么技巧，对竞争意识和团队合作的要求也是少之又少，他们就是拿着手中的枪啊、剑啊胡乱挥舞一番。在有电影之前，孩子们就会玩士兵抓强盗了。那些传说啊、电影啊可能会给孩子们的游戏带来些启示，但是无论哪个民族的孩子都是生下来就知道怎么去玩的。

在夏山学校，6 岁大的孩子们发挥自己的想象力，成天做着他们自己创造出来的游戏。对幼儿来说现实和想象差不多是一回事。一次一个 10 岁的男孩扮成鬼来吓他们，他们都兴奋地尖叫起来，他们知道那个鬼是汤米假扮的，他们看见他把床单披到身上。但是当汤米假扮的鬼靠近他们的时候，他们全都害怕地尖叫起来。

幼儿的想象力非常丰富，有的时候他们会把这些想象付诸实际行动。8—14 岁的男孩子都爱玩士兵抓强盗的游戏，或者假装把谁杀死了，或者举着自己做的木头飞机，在天上飞来飞去。女孩子玩士兵抓强盗有自己的玩法，不需要刀枪之类的道具。她们的做法更接近于人身攻击。如果说玛丽那伙的死对头是奈丽那伙，那她们就总是在吵来吵去，说一些难听的话。男孩子们只在玩游戏的时候是敌人，所以小男孩之间的相处要比小女孩之间融洽得多。

我觉得很难搞清楚哪些时候孩子们是在幻想，哪些时候不是。当女孩子盛了一盘子饭给布娃娃吃的时候，她真的是觉得她的布娃娃是有生命的吗？一匹摇木马是真的马吗？当男孩子们喊道"举起手来"然后开枪的时候，他真以为手里握的是一把真枪吗？我更倾向于相信他们觉得这些都是真的，除非有哪个不知趣的大人闯进来告诉他们这些都是假的，让他们又跌回了现实中。没有哪个体谅别人心情的家长会去打破孩子们的幻想。

男孩子基本不会和女孩子一起玩。他们喜欢玩士兵抓强盗、捉迷藏、在树上搭个窝、挖个地洞或战壕之类的游戏。

女孩子很少会聚到一起做游戏。生长在一个完全自由环境中的她们也不会玩过家家、扮演医生或者老师这类长盛不衰的游戏，因为她们完全不需要去模仿大人。低年级班的女孩子喜欢玩洋娃娃；再大一些的孩子似乎更喜欢跟人打交道而不是跟物品打交道。

我们经常组成男女混合的曲棍球队，像扑克牌这一类的室内游戏也是男孩女孩们一起玩。

孩子们喜欢热闹和泥巴，他们上蹿下跳，大喊大叫。他们对家具的价值毫无意识。要是在他们玩抓人的时候，一个波特兰花瓶挡在路上，他们准会一脚踩过去，因为他们根本看不见它。

母亲们通常都没有花足够长的时间陪自己的宝宝玩。她们似乎觉得把一个软绵绵的泰迪熊放到摇篮里，就能应付上个把钟头了，但是她们忘了宝宝需要大人们胳肢他们一下或者抱抱他们。

童年实际上就应该是在玩耍中度过的，但我们大人是怎么对待这个事实的呢？忽视。我们把它完全抛诸脑后，因为我们认为玩耍就是在浪费时间。所以我们建起了一所又一所庞大的学校，教学楼里都是教室以及各种昂贵的教学器材，而学校里留给孩子玩耍的地方通常就是一小块水泥地。

你几乎可以说现代文明毒瘤的起因就是孩子们从来不能尽情地玩。换句话来说，每个孩子在他进入成人期之前就被拔苗助长地教育成一副大人的样子。

成年人对于玩的态度是很武断的。我们这些大人为孩子们安排了张时间表：9：00—12：00 是学习时间，然后有 1 个小时的午饭之间，接下来继续上课一直到下午 3 点。要是让那些具有自由主义精神的孩子自己安排时间表，他们一定会安排很多游戏时间，只留下少数时间来上课。

成年人与玩耍之间这种不共戴天的态度是由他们的恐惧所造成的。家长们总是担心地问我"要是我的孩子成天都在玩，那他怎么可能学到知识呢？他怎么通过考试呢？"这样的问题我听到过不下百遍。 只有很少的家长会接受我的回答，"要是你能让孩子想怎么玩就怎么玩，在两年左右的密集备考学习后，他会通过大学入学考试的。他不一定非要在那种否定玩耍在生活中的必要性的学校里学上五六年甚至 7 年。"

但我通常还会补充一句话，"前提是——他本人**确实**想通过大学入学考试！"男孩的愿望或许是成为一名芭蕾舞蹈家或无线电工程师。女孩的愿望或许是当一名服装设计师或照顾孩子的看护。

是的，出于对孩子前途的担心，所以大人们剥夺了孩子们玩耍的权利。然而还不仅仅是这些。在家长们反对孩子玩耍的行为背后还隐藏着一层是非观念——当一个孩子不是件好事。我们常听到人们这样对年轻人说"别表现得像个孩子"，这样的话就是这个意思。

那些忘记自己还是个孩子的时候是多么想出去玩、如何去玩、如何幻想的家长是不称职的家长。当一个孩子丧失了玩的能力的时候，他的身体就好像死了一样，而且他会对所有接近他的孩子构成威胁。

一些来自以色列的教师曾经告诉我在他们那里有一个理想的社区中心学校。在这所集体所有制的学校，在那里，学生的主要任务就是努力工作。一位老师告诉我，他们那里有一个 10 岁的孩子因为不让他去花园里耕地——作为对他的一种处罚——而号啕大哭。要是我的学校里有一个 10 岁的孩子因为不让他到菜园里种马铃薯而掉眼泪，我一定会怀疑他是不是精神有问题。孩子应该在玩耍中度过童年，任何忽视这个事实的教育系统都在采取一种错误的教育方式。对于我来说，那种以色列教师口中的教育方法是为了他们的经济需求而牺牲了孩子们的童年生活。可能他们也是不得已而为之，但是我可不敢称这样的教育系统是非常理想的。

尽管很难去评估孩子们童年时行为受到的约束会给他们日后造成怎样的影响，我对这点还是很好奇。我时常在想之所以有那么多人会为足球这项运动而疯狂，是不是因为当他们看到那些职业运动员驰骋在球场上时，他们把自己幻想成这些运动员，释放了他们被压抑已久的尽情玩乐的渴望。从夏山毕业的学生基本上都不喜欢看足球，他们对盛装游行也没什么兴趣。我相信他们中没有几个人会为了去参观皇家阅兵式而走上一段很远的路。盛装游行确实有孩子气的因素在其中，异彩纷呈的游行队伍缓缓前行，就好像一群盛装的洋娃娃漫游在童话世界里。怪不得女人比男人对盛装游行感兴趣得多。随着年龄的增长，人们变得越来越世故，同时也似乎渐渐丧失了对各种盛装游行的兴趣。 我很怀疑那些将军、政客和外交官在参观阅兵式的时候除了觉得很无聊外，还能有什么其他感觉。

有证据表明那些自由成长并且在玩耍方面不受限制的学生最不容易人云亦云。在以前的夏山学生中，那些在人群中容易受到感染，变得热血沸腾的学生，其父母往往都信奉集体主义思想。

十、小剧院

在冬季，周日的晚上是戏剧夜。所有表演的出席率都很高。我曾经见过连着六个星期整个周日晚上的演出节目表都排得满满的。但有时候在连着出现了几次排满的演出节目表后，会有几个星期没有剧目上演。

观众不会很挑剔，他们也表现得很文明——他们的表现要比多数伦敦的观众好得多。观众很少会喝倒彩、跺脚或是吹口哨。

夏山的小剧院由一个壁球场上改建而来，大约可以容纳近百名观众。那里有一个用许多箱子搭建的临时舞台。由于弱光设备与聚光灯一应俱全，所以灯光效果很好。没有布景，只有灰色的幕布。喊一声："《从树篱缝里钻出来的乡下人》开演"，演员们马上就把幕布拉开。

学校的传统是我们上演的剧目都是自己写的。还有一条不成文的规定就是只有学生自己写的剧本不够用的时候，我们才会用老师写的剧本。剧组还要自己准备服装，而且通常都做得很好。学校里上演的喜剧要比悲剧多得多；当然我们有时也能看到悲剧，演得不错——有时甚至可以说演得非常出色。

女孩子写的剧本比男孩子多。小男孩经常会自编自导，但是通常每个角色的台词都没有写好。那些台词也不用写，因为每个角色的主要台词都是"举起手来"、"缴枪不杀"之类的。在谢幕的时候舞台上到处都是尸体，因为他们的天性就是如此强硬而彻底。

13 岁的达芙妮以前常常排演关于福尔摩斯的戏给大家看。我记得有一个关于海军中士的妻子与一位警察私奔的故事。在福尔摩斯当然还有"亲爱的华生医生"的帮助下，这位中士找到了那位警官的住所。这时观众们看到了令人难忘的一幕。那位警官坐在沙发上，搂着那个不忠的妻子，在屋子的中央有一群烟花女子跳着艳舞，**那位警官居然穿着晚礼服**。达芙妮喜欢在她的故事里描述上流社会的生活。

14 岁左右的女孩有时候会用诗写剧本，而且通常写得不错。当然不是所有的老师和学生都会写剧本。

在这里大家都很排斥剽窃别人的作品。记得前不久，因为临时取消了一出戏，我不得不临时写了个剧本来充数。我用了一个雅各布斯（W. W. Jacobs）①的故事主线来写我的剧本，结果孩子们喊道："这是抄来的！骗子！"四处一片抗议声。

---

① 英国小说家，写过大量讽刺小说和恐怖小说。——译者注

夏山学校的孩子们不喜欢过于戏剧化的故事。他们也不像其他学校里的学生一样那么热衷于那些高雅题材。我们学校从来没排演过莎士比亚的戏剧，但是有时候我会故意写些以莎士比亚故事为背景的搞笑剧，比如，我会写关于恺撒大帝和一群美国强盗的故事——戏里的对白听上去既像莎士比亚的对白，又像一个侦探剧。

当玛丽扮演的埃及艳后刺死了舞台上的所有人时立即引起了满堂喝彩；接着她望着刀刃，骄傲地宣布"不锈钢刀"，然后将刀刺进了自己的胸膛。

学生们都极具表演天赋。在夏山学校没有人会怯场。低年级班的演员的表演出彩极了，他们扮演的角色真实感人。女孩子的准备工作做得比男孩子充分。事实上，10岁以下的男孩子很少会参加戏剧表演，除非是演一些警察抓强盗之类的角色；有些孩子从来不参加表演，因为他们对此不感兴趣。

根据长期与孩子接触下来经历来看，我们发现世界上最糟糕的演员莫过于那些在生活中演戏的孩子。这样的孩子永远没有办法忘掉自己的身份完全融入角色，因为他们有很强的自我意识，到了台上也束手束脚。或许自我意识这个词并不恰当，因为这个词真正的意思是：本人有一种强烈的自己被他人注视着的感觉。

戏剧课程是教育中一个必要的环节。通常演戏就是在众人面前表现自己，但在夏山学校，如果你的表演完全是在表现自己、炫耀自己，这样的演员是不受欢迎的。

作为一名演员，一项基本的要求就是要能将自己融入角色。对于成年人来说，他们知道自己是在演戏，他们会刻意地要求自己融入角色。但是我很怀疑孩子们是不是意识到自己是在表演。我们经常看到有一个叫彼得的孩子走上舞台，在回答上一句的台词"你是谁"时，没有按剧情里的说"我是修道院里的鬼魂！"而向台下的观众说"我是彼得呀"。

记得有一次上演了一出戏，参演的都是年龄很小的孩子，有一幕是关于晚宴的，所有吃的东西用的都是实物而不是道具。一旁负责提词的孩子花了费了不少时间才回过神来，提醒演员们要进入下一幕，因为台上的孩子们只管往嘴里塞吃的东西，根本不顾台下还有一群观众望着他们。

演戏可以帮助孩子们建立自信心。但是有些没有任何表演经验的孩子告诉我他们讨厌演戏，因为那让他们觉得自己很差劲。我还没有找到解决这类问题的方法。有的孩子可能会在其他擅长的领域发挥自己的长处，但问题是有些女孩子热爱表演却不会演，这就让问题变得很难处理。好在学校里的孩子都很讲道理，不会排斥这些热爱表演却不会演的孩子，几乎每个人都有上台的机会。

十三四岁的男孩和女孩会拒演任何与爱情有关的角色，年龄小些的孩子倒觉得没什么，这样的角色他们也能欣然接受。超过 15 岁的孩子会同意参演喜剧里的爱情戏。只有 1—2 个高年级班的孩子会演正儿八经的爱情戏，只有经历过爱情的人才能把爱情戏演好，但是那些在真实生活并没有经历过任何苦难的孩子可以把一个悲剧角色演得十分到位，我见过扮演一个悲剧角色的弗吉尼亚在彩排的时候失声痛哭，这是因为在现实生活中每个孩子都会想象痛苦是怎么样的。事实上，孩子们很早就会去思考死亡是怎么一回事了。

孩子们排演的剧目应该符合他们的年龄特点。叫孩子们排演那些远离他们生活的经典剧目是不合适的。就像他们看的书应该符合他们的年龄特征一样，排演的剧目也要符合年龄特征。夏山的孩子很少会看司各特、狄更斯和萨克雷的著作，因为现在的孩子们更爱看电影。没有了那些无聊的关于人物、风景的叙述，孩子们在电影院里可能只需要花上 75 分钟就能看完《西部开拓史》（*Westward Ho*）——要是看书的话非要花上好几天。所以孩子们不喜欢哈姆雷特在埃尔西诺堡的故事，他们喜欢那些发生在自己身边的故事。

尽管夏山的孩子们只演自己写的剧本，但只要有机会，他们对大剧作家的优秀作品一样非常感兴趣。记得有一年冬天，我每周都会给高年级班的孩子讲一出名剧。我给他们讲巴里（Barrie）、易卜生（Ibsen）、斯特林堡（Strindberg）、契诃夫（Chekhov）、萧伯纳（Shaw）、高尔斯华绥

(Galsworthy) 的作品，还有一些像《银核》(*The Silver Cord*)、《旋涡》(*The Vortex*) 这样的现代剧。我们这里最好的演员们无论男女都很喜欢易卜生。

那些高年级班的学生对舞台技巧很感兴趣，并且在这方面都很有原创精神。有一条众所周知的表演技巧是一个角色在下台前一定要告诉观众他离开的原因，这样的做法经久不衰。如果女儿和母亲要开始谈论父亲的坏话时，根据剧情需要，此时父亲应该起身说道："噢，我要到菜园子里去看看我们的园丁有没有把卷心菜种好。"于是他曳步下台了。但是夏山学校的小作家们有一种更为直接的做法，就像一个女孩告诉我的那样，"要知道在现实生活中，你离开房间的时候是不会跟大家解释你为什么要走的。"**确实如此**，所以在夏山的舞台剧中也是如此。

夏山学校的孩子们特别擅长一种我们称之为即兴表演的戏剧表演。我写出来的提示可能只是：假装穿上一件外套；脱下外套把它挂到一个钉子上。拾起一束花，在花里发现一支蓟。打开一封电报，电报上说您的父亲（母亲）去世了。在火车站的餐馆里匆匆吃完饭，坐立不安唯恐错过火车。

有时候这样的表演就像有声电影一样。比如，我坐在一张桌子前假装是一个哈里奇港的移民局官员。每个孩子都假装自己有一张护照，准备回答我的各式各样的问题。这玩起来很有意思。

或者，我可以扮演一个制片人正在给候选的演员试镜，还可以扮演一个在招聘一位秘书的商人。有一次我假装登了一则招聘广告，招聘一名文书。孩子们连这个职位是什么意思都不知道。一个女孩子以为这个词的意思是美甲师，这个误会让整个表演妙趣横生。

即兴表演是校园戏剧最具创意的一部分——也是至关重要的一部分。夏山学校的戏剧最重要的作用就是培养学生的创造力。所有人都可以参加表演，但并不是每个人都能写剧本。孩子们在这样的活动中可能会意识到，或者说是朦朦胧胧地感觉到，这种校园内的原创戏剧表演的传统是在鼓励大家发挥自己的创造力，而不是模仿别人。

十一、音乐和舞蹈

有一件关于舞蹈的有趣的事情——舞蹈是有各种规定的。有趣的是当一群人一起跳舞的时候他们都遵守了这些规定，然而在这些人中的每一个个体有可能暗地里非常讨厌这些规定。

我在位于伦敦的任何一间舞厅都能看到英格兰的影子。舞蹈本该是充满个人特色及创造力的令人愉快的事，现在却退化成了一些僵硬的舞步，舞池这边的一对和那边的一对跳得没什么区别。那种在众目睽睽之下不愿意别出心裁的保守想法使得舞蹈失去了原创性，然而舞蹈的乐趣恰恰就在于随性的创造，失去了这种随性的创造舞蹈就变得像机器人跳舞一样无趣，英国人的舞蹈充分展示了英国人对于情绪外露及创新精神的保守态度。

要是在跳舞这样快乐随性的事上，人们都不敢表现自由精神，那在生活中那些更严肃的事情中我们就更别想看到这种精神了。要是一个人连独创自己的舞步都要担心为他人所不容，那么很难想象他作出有关自己的宗教、教育和政治抉择是会被世人所接纳的。

在夏山，所有的活动都少不了舞蹈这个环节。这些舞蹈活动通常是由女孩子负责安排和表演，她们都做得相当不错。她们喜欢用爵士乐，从来没用过古典乐，有一次我们用格什温（Gershwin）的《花都艳舞》（*An American in Pairs*）里的曲子排了一出芭蕾舞剧。故事大纲是我写的，女孩子们把它排成了芭蕾舞剧。一些伦敦的剧院里的表演还远不如它呢。

舞蹈同时还在潜意识里疏通孩子们对性的兴趣的渠道。我之所以加上"潜意识"这个词是因为即使一个女孩长得美若天仙，但舞跳得非常糟糕，就没有多少人会去邀请她跳舞。

几乎每个晚上我的私人起居室里都挤满了孩子。我们通常会听听唱片，这时候问题就来了。他们喜欢埃灵顿公爵（Duke Ellington）和猫王，而我恰恰讨厌这些。我喜欢拉威尔（Ravel）、斯特拉文斯基

(Stravinsky）和格什温的作品。有时候我真是受够了爵士乐，于是我定下规矩说既然这是我的起居室，我想听什么就放什么唱片。

一放《玫瑰骑士》（*Rosenkavalier*）或者《吟游者组曲》（*Meister-singer*），孩子们马上就作鸟兽散。基本上没有什么孩子喜欢古典乐和古典人物画。我们也不打算强迫他们提高品位——无论人们说高品位意味着什么。

事实上，无论一个人喜欢贝多芬还是流行爵士乐并不会对他的人生是否快乐造成影响。学校要是能把教学大纲里的贝多芬换成爵士乐，教学结果一定会好很多。在夏山学校有 3 个男孩子受到了爵士乐队的影响开始学起了乐器。两个男孩吹起了黑管，另一个选择了小号。离开学校后，他们前往皇家音乐学院继续深造。如今，他们都加入了那些只表演古典音乐的管弦乐队。我倾向于认为他们音乐品位的提高是因为在夏山学习的时候得到了充分的自由，从埃灵顿公爵到巴赫，他们可以自由选择任何作曲家的作品。

十二、体育活动

在大多数学校体育课也是必修课，学校甚至还会要求学生观看各种比赛。在夏山学校，体育活动就像上课一样是非强制性的。

夏山学校曾经有一个男孩子 10 年来都没有参加过任何体育活动，我们也从来没有要求他参加任何体育活动，但是多数孩子还是喜欢体育活动的。低年级班的孩子不会组织那些有规则的游戏。他们喜欢玩玩士兵抓强盗、红色印第安人之类的游戏；他们还会在树上搭个小屋子，做所有幼儿会做的事情。因为他们还没有到理解什么叫合作的年龄，所以不应该为他们组织那些有规则的游戏。等到了适当的年龄的时候，他们自然会自己组织那些体育活动的。

在夏山学校，冬季主要的体育活动是曲棍球，夏季是网球。对于孩子们来说要在网球双打中贯彻团队精神有点困难。在玩曲棍球的时候团队合作对他们来说是很自然的事，可到了网球双打的时候，他们老是自顾自而不是作为一个团体在行动。等孩子们到了 17 岁的时候就更容易理解什么叫做团队合作。

游泳这项运动受到各个年龄层的孩子的喜爱。塞士韦尔的海滩对孩子们来说并不理想，这里找不到孩子们酷爱的布满石头和沙坑的沙滩，只有凶猛的海浪终日为伴。

学校里没有特意造体操房，我也不认为有必要去造这些体操房。孩子们在日常游戏、游泳、舞蹈和骑脚踏车的时候得到了他们所需要的体育锻炼。我一直很怀疑接受自由教育的孩子是否会想去上体操课。这里的室内游戏包括乒乓球、象棋和扑克牌。

年龄小一些的孩子还有戏水池、沙坑、跷跷板和秋千可以玩。天气和煦的日子里，沙坑里挤满了脏兮兮的孩子们；低年级班的孩子总是抱怨说那些高年级班的孩子总是到他们的沙坑里玩。看来我们还需要为大孩子造一个沙坑。孩子们对沙子和泥巴感兴趣的时间比我们想象得要长。

对于体育比赛是否设奖总有很多争论，所以没有一个统一的标准，比赛有时候有奖有时候没有。之所以会造成这样的情况是因为我们坚决抵制将奖励和分数制度引入教学大纲。我们反对设奖的原因是人们要想做一件事的原因应该是这件事情本身，而不是它背后的奖品，这一点毋庸置疑。所以有时候我们会被问到为什么得了网球冠军就能拿到奖品，但地理学得好却没有奖品。我想这是因为网球本身是一种竞技比赛，要打败对手才能赢得胜利。地理学习却并非如此。有的人可能根本不在意自己的地理学得没有别人好。我知道在体育比赛的时候孩子们想要奖品，但是在学习的时候他们并不想要奖品——起码在夏山是这样的。不管怎么说，在夏山学校我们不会把那些体育比赛获奖者奉为英雄。即使弗瑞德是曲棍球队的队长，他在学校全体会议上也得不到任何特权。

体育活动的地位在夏山学校恰如其分。一个从来不参加体育活动的孩子不会被别的孩子瞧不起，大家不会觉得他有什么缺陷。"宽容待人"这条格言最理想的表现就是孩子们可以自由成长。我本人对体育运动没什么兴趣，但我很重视培养良好的运动精神。要是夏山的老师们会敦促，"快点，孩子们，都到操场上去动起来！"那么体育活动在夏山一定会变了味。赋予孩子们是否参加活动的决定权，真正的运动精神只会在这样自由的环境下才会开花结果。

十三、英国教育部皇家督学处关于夏山学校的督察报告[*]

主审部门：教育部

报告起草人：两位督学

被督察单位：东萨福克郡莱斯顿镇夏山学校

督察时间：1949 年 6 月 20 —21 日

夏山学校名声斐然，这不仅是因为该学校以一种非常果断而彻底的方式进行教学实践，还因为这里所实践的那些由该校校长提出的教学理论被大众熟知且引发了热烈的讨论。督察这所学校的任务艰巨而又有趣。之所以说任务艰巨是因为这所学校的教学方法与督学们所熟悉的方法有很大的不同，有趣是因为能有此机会评估而不仅仅是参观这所学校的教学成果。

该校只招收住读生，每年的学费为 120 英镑。尽管该学校支付给员工的薪水并不高（我们随后会具体谈到这一点），该校校长认为学校的经济状况仍旧十分紧张，但他表示由于自己了解家长们的经济状况，因此无意提高学费。与其他私立寄宿制学校相比，该校的收费确实不高，但是该校的生师比却很高，所以督学们对于校长提出的经济拮据状况感到不解。只有对所有账目及花销进行一次仔细的核查方能了解是否能在不影响学校的正常工作的前提下减免某些开销，并且可以聘请一个经验丰富的第三方机构来进行此项督察工作。值得一提的是，无论学校的资源是否存在不足，所有的学生都得到了很好的照顾，饮食起居

---

[*] 本报告为内部文件，未经学校许可不得对外公开发表，如需公开发表必须全文登载。

都没有受到任何影响。

该校所实践的教学原则已经由该校校长著书出版，并为大众所熟知。其中的一部分理论在首次提出之时就得了社会各界人士的认可，并且给教育界带来了深远的影响，但也不排除有一部分的理论引起了广泛的争议，并为大多数教师及家长所不接受。督学们曾试图采用客观评价事物的常用标准进行评估，但随后督学们发现无论他们个人是否认可该校的教育原则与教育目标，不对这些原则与目标加以说明，就无法对该校进行客观描述。

该校最基本的一条教学原则就是自由教育，当然这并不是指无法无天的自由。学校有若干由学生制定并经校长批准的关于学员生命安全的校规。比如，学员不得擅自下水游泳，除非有两名由教职员工担任的救生员在场。年幼的学员不得在没有年长学生的陪同下擅自离校。学校明确且严格的执行这些以及其他类似校规，任何违规者都会受到相应的处罚。但是该校的学生所享有的自由程度之大是各位督学在其他任何学校所未见过的。比如，学校不强制要求学生上课。正如后面会谈到的，尽管大多数的学生会按时上课，但曾有一位学生在校的 13 年内从未上过一次课，他现在是一名精密仪器及工具制造专家。之所以在报告中提及该极端个例，一是为了表明该校的自由教育绝对真实；二是为了说明这样的做法不应该在结果一出现不理想的状况下就被取缔。学校虽然信奉自由教育，但绝非处于一种无政府状态下。学校定期召开全体会议，并在会议上制定各种校规。全体会议由一位学生担任主席，任何教职员工和学生都可自愿出席。该会议上讨论的提议内容不受限制，所涉及的立法项目亦十分宽泛。全体会议曾有一次讨论过是否要开除一位教师，在这次会议上学生们表现出了出众的判断力。但这只是一个别案例，通常全校例会上讨论的都是关于校园日常学习生活的一些规定。

督学们在实地督察的第一天就参加了一次学校全体会议，当天讨论的是全体会议上通过的就寝时间规定的执行问题以及限制在非就餐时间进入厨房。学生们讨论热烈，各抒己见，大家有序发言，一视同仁。尽管有相当一部分时间被花在了一些无谓的争执上,但督学们同意校长的说法:对于学生们来说,花费一些时间来获得如何管理他们自己的日常生活的经验是非常有价值的。

很显然绝大多数的家长和老师对于在性方面也给予孩子们完全的自由这一做法是有所保留的。许多和这位校长志同道合的人在这一点上会与他分道扬镳。这些人虽然完全赞同他的观点,比如公开教授性知识、人们不应该赋予性一种罪恶感、一些性方面的禁忌对孩子造成了巨大的伤害,但是这些人在管理一所男女同校的学校时会采取更为谨慎的做法。很显然要想全面公正地评价夏山现行做法的结果是非常困难的。在任何一个有青春期学生的学校里都会出现性方面的情感问题,这些问题当然不会因为各种禁令而消失得无影无踪。事实上,有时候管得越严,问题越多;而且就连夏山学校的校长也承认学校在这方面的完全放手是基本不可能的,那只是一种理想状态。在这里我们能肯定的是,你很难找到一群比这里的学生更加自然、坦率、大方的男孩和女孩了。人们担心这样的做法会引发的问题在建校以来的 28 年中还从未发生过。

学校另外一种备受争议的做法就是在夏山学校不设任何宗教课程或相关教导。这里并没有禁止任何宗教信仰,相反地,如果学校全体会议决定开设宗教课程,学校也会照办。同样,学校对于学生个人的宗教信仰也不加干涉。这里所有的学生都来自非正统基督教家庭,事实上也没有学生表示出对宗教学习有兴趣。虽然在课程上并没有设置宗教课程,但许多基督教美德在学校内得到了具体的执行,有些做法能得到任何一个教徒的赞许。当然不设任何宗教课程的影响不可能在一个为期两天的考察中得到全面的评估。

在进入正式报告之前对该校作一番介绍是必不可少的,因为对该校的组织和活动的评估都是基于这样一个自由教育的大环境下作出的。

图8　游戏的宽敞场地

1. 组织结构

该校有 70 名学生，年龄从 4—16 岁不等。我们会在之后校园环境这一章节中具体介绍学生们所居住的四栋独立的建筑。本章节我们仅仅讨论学生们的受教育状况。这里的学生被分为 6 个年级，主要是按学习能力来划分年级同时兼顾年龄。各个年级都有一张课表规定每天上午上课的时间，每堂课 45 分钟。上课有固定的教室，另外配有固定的老师来讲课。与其他学校所不同的是，这里没有任何人能确保是不是所有的学生，或者说每一个学生都会来上课。为了调查清楚实际情况，督学们大伤脑筋，他们一边听课一边询问学生缺课的原因。似乎年级越高的学生出勤率越高，也越有规律。而且一旦某个学生决定要开始学习某项课程，他就会按时上课。很难去评价学校的课程安排和课外劳动的比例是否合适。许多学生为了拿到毕业证书会在会考来临之前根据考试的需要选择相应的课程集中学习，低年级的学生在选课方面有很大的自由度。总体来说，这种课程体系的结果还不尽如人意。看到学生们在兴趣激发下认真学习确实令人精神振奋，但他们取得的成绩还不够。督学们认为这样的结果不是该课程体系本身造成的，而是该体系未能获得成功实施造成的。现列举如下原因。

（1）缺少能够管理低年级并寓教于乐的资深教师。

（2）整体师资水平。据目前的评估状况来看，该校在幼儿的启蒙教育方面做得很不错，对于高年级的学生也有很好的师资配备。该校最大的师资问题在于没能为8—10岁低年级的学生配备一位能够鼓励并刺激学生学习的教师。对于这个年龄段的学生，学校的教学方法因循守旧，所以当学生到了学习难度进一步加深的时候，他们的弱势非常明显，遇到的困难非常大，教师也面临由此造成的非常棘手的问题。高年级学生的情况要好得多，也有个别非常成功的案例。

（3）对学生的课程学习指导不够。有一个15岁的女学生自发地决定开始学习法语和德语，这样的想法值得赞赏。但是学校竟然允许她同时开始学习这两门语言，每周上两节德语课和三节法语课，说明学校没有在她的课程安排上提供足够的指导。尽管这个学生的毅力令人钦佩，可她的进步却非常缓慢。督学们认为学校应该建立一种辅导制度来帮助学生一对一地制定他们的学习规划。

（4）缺少安静不受干扰的学习环境。"想要在夏山学校静下心来学习绝非易事。"这是该校校长的原话。夏山学校就像一个巨大的活动室，有很多会分散你的注意力和精神的事。没有一个学生有自己的房间，也没有专门为书本学习安排的教室。当然那些自己想要学习的学生总会找到适合学习的地方，但是要做到自发地去找可以学习的地方，这样的学习热情的确罕见。尽管学校没有这样的规定，但学生很少会在这里待到16岁以上。在夏山学校不乏一些极具天赋的孩子，我们不得不怀疑学校是否能在学习上为这些学生提供足够的条件。

当然无论教学质量如何，学校在某些方面还是取得了相当优异的成绩，艺术成果是其中之一。孩子们的绘画作品不逊色于任何来自教学方法传统得多的学校的学生，无论让谁来看都会觉得这些作品非常优秀。这里还有大量出色的手工作品，品种非常丰富。在督学们视察期间学校正在安装一套窑具，第一批等待进窑烧制的未成品造型堪称美丽。学校还提供脚踏式缝纫机，缝纫这项手工活在这里也有了欣欣向荣之势。

这里还能看到大量优秀的文艺作品，其中包括一份墙报，以及每个学期学生自编自导的大量戏剧作品。督学们在来督察前就对这些戏剧作品有所耳闻，但是由于学校没有保留剧本的习惯，所以很难评估学生的编剧水平。最近在学校的小剧院上演了《麦克白》（Macbeth），剧中所有的布景和服装都是学生自己亲手做的。让督学们觉得颇为有趣的是听说校长的本意是让孩子们演一些他们自己创作的剧本，但是学生没有照做。

学校的体育锻炼也是根据学校自己的原则来制定的。这里没有规定学生参加体育锻炼。学生根据自己的爱好参加足球、曲棍球或者网球活动。学生的足球水平很高，这是因为在教职员工里有一位这方面的专家。学生有时会安排和镇上其他学校之间比赛。在督学们的督察期间就有一场与邻校之间的曲棍球赛。由于邻校最出色的选手抱病未能上场，夏山的学生也决定不派出队中最优秀的选手上场。

由于有大量的在校时间都是在室外度过的，学生都很健康、活跃，而且他们看上去也喜欢这样的生活。只有通过一次细致而专业的调查才能评价孩子是否因为缺乏正规的体育教育而蒙受损失。

2. 校园环境

学校坐落的地方能提供足够的游戏空间。学校的主建筑过去是一栋私人住宅，如今礼堂、饭堂、病房、美术室、手工室还有女生宿舍都在这栋建筑物里。低年级的学生住在小平房里，他们的教室也在那儿。其他的男孩和教室被安排在花园里的棚屋里，有些教师也住在那里，所有的房间都有一扇直接通向花园的门。教室虽小倒也够用，因为每次上课的学生人数并不多。宿舍中有一间本来当做隔离病房用的，它是由男学生和教师们一起建造的，当然它作为隔离病房显然是英雄无用武之地。用一般的标准来看这里的就寝条件十分简单，但就寝物品的供应情况还是令人满意的，而且学校学生的健康记录历来不错，学生也有足够的淋浴房可以使用。

学校的花园式的环境一眼望去就让人觉得这儿是一个与自然共享的空间，这样的感觉很符合学校想要营造一个度假村氛围的初衷，因为这样的氛围是夏山学校重要的特点之一。不仅如此，这样的环境还让学生能够在督察期间不受来访者们的干扰进行学习。

3. 教职员工

教师除了食宿外每个月有 8 英镑的薪水。要想找到既认同学校办学理念，又能以成熟的态度应对学校中与学生平等的关系，既要有为人师的学识又要有丰富的教学技巧的教师，还要说服这样的人接受 8 英镑的月薪，这样的任务对于校长来说一定非常艰巨。对于教师来说，夏山的工作条件从很多方面来说并不优越，那些既热爱工作又公正无私，能力和个性都不错的教师实在难能可贵。所以虽然先前我们曾提到这里的师资安排未能满足整个学校全体学生的需求，但从教师本身来说，他们要比许多其他私立学校拿着优厚俸禄的教师要优秀得多。我们的教师中有一位爱丁堡大学英语系文学荣誉硕士，一位利物浦大学理学士兼文学硕士，一名剑桥数学系一等荣誉学士，一名伦敦大学法语系兼德语系文学荣誉学士，一名剑桥大学历史系文学学士，其中 4 人有教师从业证书。以上这些还不包括一些教授艺术及手工的外籍教师，他们不仅具有教师从业资格，同时也是整个团队中最为优秀的员工。

尽管仍有需要改善之处，目前该校的师资力量已算不错，如果能稍加培训并访问一下其他学校，他们便能拓宽视野、提升经验，做到与时俱进，从而成为非常优秀的教师。当然我们不能奢望夏山能靠一年 96 英镑的工资一直聘请到她所需要的教师，很显然这个问题需要得到解决。

校长本人为人真诚，对教育事业抱着极大的热情与信念，并且对学生有着无尽的信心和耐心。他拥有强大的人格力量却丝毫不专制，这一点尤为难能可贵。即使你不赞同甚至不喜欢他的某些理念，但只要你见过在夏山学校的他，你一定会对他心生敬佩之情。这位幽默、博爱、知识渊博的先生能胜任任何一所学校的校长之职。他与学生们分享着自己幸福的家庭生活，学生在这样的榜样下一定受益匪浅。

校长对于教育的看法是宏观的，他认为学校的目的是教会学生如何活得充实而丰富多彩。所以虽然他认同本次评估中的部分负面意见，但他坚持认为督导团对学校的功过是非的判断应该是基于学校将学生培养成怎样的人这一标准作出的，不应局限于评判学校具体教会了学生哪些技能。基于这样的标准，督学们的意见如下。

（1）该校的学生对生活充满热情和活力，没有任何消极和冷漠的迹象。学校洋溢着一种知足及宽容的气氛。该校的毕业生对于母校深厚的感情足以证明该校的成功之处。学校的期末戏剧和舞会的平均出席人数达到 30 人次。许多学生在放假期间仍选择留校。

在这里值得指出的一点是，学校在建校之初所招收的几乎都是被冠以"问题学生"的孩子，而如今学校的学生情况与正常学校相差无几。

（2）学生的举止招人喜爱。尽管他们在有些方面显得不拘小节，但他们的举止自然率真、待人友好，毫无扭捏做作之态，十分惹人喜爱。

（3）学校鼓励发展学生的创造力、责任心和集体精神，督导团看到学生在这些方面的确得到了长足的发展。

（4）以上所说的并不代表夏山学校的学生离开母校后会难以融入社会。只用毕业生的情况来评判学校不免有些片面，但这起码证明了夏山学校的教育并不意味着对世人所谓的成功教育的全盘否定。夏山的毕业生包括皇家电气工程师部队指挥官、炮兵连军需上士、轰炸机飞行员兼空骑中队长、保育员、空乘、近卫军步兵乐队单簧管手、帝国理工学院荣誉会员、沙德勒之井（Sadler's Well）剧院的芭蕾舞演员、无线电台长、全国日报专栏作家及大型市场调研公司主管。除此之外，毕业生们获得的学位包括剑桥大学经济系文学荣誉学士、皇家艺术学院奖学金获得者、伦敦大学物理系一等理学荣誉学士、剑桥历史系文学荣誉学士以及曼彻斯特大学现代语言一等文学荣誉学士。

（5）校长的教育观点使夏山学校成为以学生的兴趣为基础、并不以考试要求为指挥棒的教育模式的乐土。若能创造一个教育环境，使得最聪明的孩子在文化课中得到充分发展，这固然是一种成功，但事实上，对于那些能够胜任学术性学习的孩子，这样的环境就不能使他们获得应有的发展，对他们而言，那也不是什么好的学习机会。如果学校能为各个阶段的孩子提供更为良好的教学，尤其是对中年级的学生，那么学生们有很大的希望在学习上取得长足的进步，同时夏山学校意义深远的教学实验也能有被全面证实的机会。

无论是对于该校的办学理念还是教学方法，督学们都仍有疑惑。若能给予更长的时间对该校进行更进一步的了解或许能解开某些方面疑惑，但说不定又会加深对其他方面的疑惑。我们能够肯定的是该校所进行的令人惊叹的教学研究不仅有其自身价值，而且也会使所有从事教育事业的人们从中受益。

十四、对于督学督察报告的说明

很幸运夏山能迎来两位思想开明的督学对学校的工作进行督察，我们刚见面就免去了彼此的尊称而直呼其名。在为期两天的访问中，我们之间不乏争执，但气氛始终非常友好。

我觉得督学们在视察时常常会拿出一本语法书，来考考班上的学生并以此来判断学生的学习情况如何。所以我对他们解释这样的方法在这里是不适用的，因为夏山并不是一个以书本学习为第一需求的学校。我对其中的一位督学说："真想要对夏山学校做督察是不可能的，因为我们的办学标准是快乐、真诚、平衡发展以及合群。"他笑了笑说不管怎样他们都愿意试试看。我们的两位督学为了适应夏山在各方面都作了很大的调整，而且在整个实地视察过程中他们都显得很愉快。

是不是有些事情令他们感到出乎意料？有一位督学曾说，"通常我们刚进教室，整个班的学生马上都会起立致意。但这里的孩子根本不会注意到你，真是太令人新奇了。"诚然，我们很幸运能有两位这样的督学。

但是对于督察报告中所说的："督学们对于校长提出的经济拮据状况感到不解……"太多的呆账、坏账是最主要的原因，当然这不是所有的原因所在。督查中提到的 120 英镑的学费已经因为日益增长的物价而被提高到了 250 英镑。即便如此，学校在修葺教学楼、购买新设备时仍是捉襟见肘。要知道，夏山学校的学校公物损坏情况要比那些校规严谨的学校严重。学校对于孩子的奔跑打闹没有限制，所以自然会有更严重的公物损坏情况。

督察报告中说我们夏山有 70 名学生。但是，我们现在的学生人数降至为 45 名，从某种程度上讲这抵消了物价上涨的费用。

督察中还提到中年级学生教学质量堪忧的问题，这个问题确实一直困扰着我们。即便找到一位出色的教师执教，在这些学生能自由选择的前提下，要将所有该年龄段应学到的知识传授给学生认识绝非易事。如果那些公立学校十一二岁的学生也能自由选择，去爬爬树或挖个洞的诱惑对于他们绝不会小于一堂课，他们的水平会和我们的孩子相差无几。我们承认夏山的学生在某个阶段的学识水平会比较低，因为我们认为在这个阶段玩耍比学习更重要。

我们承认夏山中年级的学生落后的学习状况是个很重要的问题，但是一年后就是这些学生升入高年级班，然后去参加牛津大学的入学考试并取得了优异的成绩。所有的学生共参加了 39 门考试，人均 6.5 门，其中 24 门课获得了（极优）很好的成绩（也就是说成绩都高于 70 分）。在所有的考试中，只有一门不及格。在夏山学习时，低年级没有能达到所规定的平均水平并不意味着到了高年级也一定如此。

我个人一向喜欢大器晚成的孩子。我见过不少天资聪颖的孩子，他们或许 4 岁时就能背诵米尔顿的诗，但早慧却让他们在 24 岁风华正茂时就无所事事、酩酊终日。我宁可遇到一位 53 岁的先生告诉我他仍然不确定自己人生的方向。我怀疑一个 7 岁就明确自己要做什么的孩子今后会过着保守而平庸的生活。

报告中所述："若能创造一个环境，使得最聪明的孩子在学术性科目的教育中得到充分发展，这固然是一种成功，但是事实上，对于那些能够胜任学术性学习的孩子，那样的环境就不能使他们获得应有的发展，对他们而言，那也不是什么好的学习机会。"这是两位督学唯一没有做到不被先入为主的观念影响的地方。如果一个学生确实想要获得书本教育，我们的教学系统能为他提供足够的帮助，正如我们学生的考试成绩所示。不过督学这段话的意思可能是更好的中学教育会让更多的学生**想要**参加大学入学考试。

但是在中学就提倡书本教育是不是为时尚早？书本教育的初衷是想把所有的人都变成精英，事实上我很怀疑过早的书本教育对我们的有些毕业生会造成怎样的影响呢？比如我们的服装设计师、发型师、芭蕾舞演员、保育员、机械师、工程师和半打的艺术家们。

尽管如此，这份督察报告仍是公正、诚实而又包容的。我之所以将它收入本书是因为想让读者了解他人对夏山的看法。请注意该报告并不被教育部承认。我本人对这一点并不介意，但如能得到认可便意味着两个好处：一是学校的教师能被纳入国家养老金计划。二是家长更容易获得地方委员会的教育津贴。

我要在这里指明的是，教育部从不曾与夏山学校为难。我每次到教育部的拜访和询问也都受到了礼貌而友好的接待。我唯一一次被拒绝的经历是大战刚结束后，教育部部长拒绝为进口一位北欧家长赠送的组合式预制房放行。每当我想到那些欧洲政府对于私立学校高高在上的态度，我就很庆幸自己生活、工作在一个能给予个人发展如此之大的空间的国度。我对孩子们宽容，教育部对我宽容，这已经让我很满足了。

十五、夏山学校的未来

如今我已经84岁了，我觉得自己不会再写教育方面的书了，因为我没有什么新的东西可说了。但我不得不为自己说几句话；大家不要以为过去的40年里我只是在闭门写书，写那些关于孩子的教育理论。多数我写的东西都是基于对孩子们的观察，与他们共同生活时摸索出来的。确实弗洛伊德和霍默·莱恩（Homer Lane）等的理论曾给我启发。但渐渐地，我越来越倾向于抛开理论知识，因为现实的考验证明理论知识是没有用处的。

作家真是一个奇怪的角色。就像广播那样，作家将信息传达给那些他看不见的读者，也不知道读者的反应会是如何。我的读者群也一定是很特别的。公众对我的名字并不熟悉。英国国家广播公司从来没想过请我上那儿谈谈教育。即使是我的母校爱丁堡大学也从来没想过要授予我一个荣誉学位。当我在牛津或剑桥大学给学生们做讲座的时候，没有一位教授或者导师来听我的讲座。我想我应该为此感到自豪，因为成为那些达官显贵的座上宾意味着我已经过时了。

曾经有一度，我对《泰晤士报》从未刊登我寄去的任何一封信感到生气，如今，我把这当做一种赞美。

我写这些并不是在宣称自己过了需要他人认可的年龄了；但是岁月确实带给我一些变化——尤其是价值观上的变化。最近我在瑞典做了一个讲座，六百人座的礼堂里挤满了七百多位听众，但我没有任何自满意得的感觉。我没有任何特别的感觉，直到我问自己"要是只有十个人坐在下面，你的感觉如何？"答案是"恼羞成怒"，看来我可能已经做到了不以物喜，但还没能达到不以己悲的境界。

野心渐渐随着岁月而流逝，但是渴望得到认可又是另外一回事。比如要是有一本名为《进步学校发展史》（*The History of Progressive Schools*）的书，在里面却找不到我的夏山学校，我一定会很不高兴。迄今为止我还没遇到任何人是彻头彻尾对他人的认可毫不在意的。

年龄也有非常可笑的一面。多年来我一直努力和年轻人打交道——年轻的学生、年轻的教师、年轻的家长——因为我认为年龄是进步的障碍。现在我老了——成了那些我成天反对的老人中的一员——我的想法却变了。最近，当我给剑桥的300个学生做讲座的时候，我觉得自己是整个会场里最年轻的人。确实如此。我对他们说："为什么你们要一个像我这样的老人来告诉你们什么是自由呢？"现在，我很少去考虑别人的年龄。我觉得一个人的年龄和他的想法没什么联系。我认识

20 多岁的小伙子却像 90 岁的老人一样保守，也见过 60 岁的人拥有 20 岁的心境。现在我会考虑的是一个人是否有活力、是否有激情、是否保守、是否没精打采、是否悲观。

我不知道自己是否真的上了年纪。对于别人的捉弄我不再是一笑了之，而那些乏味的谈话开始让我感到恼怒不堪，别人的个人经历也让我提不起兴趣了。因为在过去的 30 年里有太多这样的事情发生在我身上了。现在我对很多事情都失去了兴趣。就拿购物来说，我现在很少有想买的东西。我已经多年没看过服装店的橱窗一眼了，就连尤斯顿路上的我挚爱的五金店都不那么吸引我了。

如果说现在的我不像过去那样能容忍孩子们的吵闹声，我不确定是不是年龄带走了我的耐心。我还是能容忍他们各种错误，给他们足够的时间去满足他们所有的癖好，确定在适当的时机他们会成为有用的人。岁月在带走恐惧的同时也带走了勇气。早些年，要是一个男孩因为不能为所欲为而威胁说要跳楼的时候，我能不假思索地说他尽可以去跳，现在我不确定我是否还会这样说。

我最近常常会被别人问，"夏山学校不是靠你一个人支撑起来的吗？没有你夏山学校会怎样？"夏山学校绝对不是靠我一个人支撑起来的。在学校的日常工作中，我的妻子和其他老师的重要性绝对不亚于我。**学校是靠不干涉孩子的成长以及不向孩子施加压力的信念支撑起来的。**

夏山是不是已经闻名于世了呢？恐怕不是，而且只有相对少数的教育工作者知道她。夏山在北欧最出名。这 30 年来，我们招收了很多来自挪威、瑞典、丹麦的学生——有时甚至一下子就是 20 个学生。夏山也有来自澳大利亚、新西兰、南非和加拿大的学生。我的书曾被译成多种文字出版，其中包括日语、希伯来语、印度斯坦语和古吉拉特语。夏山学校在日本也有一定的声誉。30 多年前，我们接待了一位叫下田静志 (Seishi Shimoda) 的客人，一位出色的教育家。凡是他翻译的我的作品在日本的销售情况都非常好。我还听说东京的教师们曾聚在一起研讨夏山的教学方法。1958 年，下田先生再次造访夏山，为期一个月。

有一位来自苏丹的校长告诉我那儿的老师对夏山学校十分感兴趣。

以上我列举这些关于译作、访问和通信的例子，毫无夸大，绝对属实。在牛津街上随便找一个路人问问他知不知道夏山学校，很可能你问到一千个人，都没有一个人听说过夏山学校。我们要在这方面培养自己的幽默感，做到宠辱不惊。

我不认为夏山的教育方法会盛行很久——当然前提是它盛行过。人们会找到更好的教学方法。只有夜郎自大的人才会以为自己的书是前无古人、后无来者之作。人们也**必须**找到更好的教育方法。因为人道主义的最大支柱是教育。政治不会去挽救人类，它也从未做到过。多数政治性报纸都充斥着憎恨，无时无刻的憎恨。很多人不是去关爱穷人，而是选择仇视富人。

要是我们的土地上充斥着各种仇恨，身为教育者的我们又怎么可能躲在小小的象牙塔里，心安理得地过着自己桃花源般的生活呢？到了这里你可能就会明白为什么我一直强调考试、课堂、书本学习不是教育的真谛。有些问题我们无法回避：希腊文、数学和历史不是家庭和睦的保证。

夏山学校的未来并不重要，重要的是夏山学校提倡的人文精神的未来对于人类至关重要。我们必须为后人创造一个能自由成长的环境。自由是爱的保证，而只有爱才是整个世界的希望。

第三章　今日的夏山学校

佐薇·尼尔·里德黑德
Zoë Neill Readhead

一、学生、家长和校长

当受邀参加这本书的写作时，我花了很长时间来思考要写些什么，是应该就着尼尔的思路继续写下去，还是根据自己的想法来写。要知道虽然我们各自在不同的时期担任夏山学校校长一职，但我们对于如何教育孩子的态度一脉相承，所以即便切入的角度有所不同，所阐述的观点很可能相差无几。但是，本章节不是为了和尼尔写的内容相照应，而是从我个人的角度向大家讲述一些夏山的故事。

我一生中遇到的大多数人都认为，作为名人之后，我一定终日生活在尼尔的阴影下，竭尽全力希望自己有一天能及其项背。但事实完全不是这个样子。小的时候我从来不觉得自己的父亲多么有名。尽管人们谈论他，报纸和电视上有他的身影，但对于我来说他只是我的父亲。

作为一名父亲，尼尔的伟大之处之一是他没有那种望子成龙的心态。我知道他希望我怎么做，但他从来不会给我任何压力或者让我觉得不按他的想法做就于心有愧。要是我能去上大学并带着学位证书回来执掌夏山学校他一定会非常高兴，因为这样会让那些说夏山学校的学生没有得到"良好教育"的言论不攻自破，而能有一位具备学历资格的校长也会使夏山学校未来的道路更加平坦。但是我没有参加任何入学考试，直到尼尔临终前他都认为我无意与夏山有任何瓜葛。但我总觉得父亲知道夏山学校在我内心深处的分量，他知道他走了以后我不会袖手旁观，任由夏山和他一起归尘入土。不然他为什么会把我送到挪威师从奥拉·雷克尼斯（Ola Raknes）学习赖希治疗法，希望借此开拓我的眼界，加深我对人类情感的理解。就像尼尔所说的，"万一以后你想起夏山学校了呢？"

当我准备开始在夏山工作时，我发现自己过去在夏山学到的东西以及尼尔的教学方法让我胸有成竹。我在1985年9月接任母亲的校长一职。这段经历对我来说意义非凡、弥足珍贵——一路下来，我学到的东西呈直线上升态势。作为一名夏山的毕业生，作为4名夏山毕业生的母亲，作为两名夏山在读学生的祖母，我意识到夏山学校已经融入了我的血液。能出任世界最古老的儿童民主学校的校长，是一件何其荣耀的事。对于我来说，讲清楚我到夏山工作和决定致力于发展尼尔和夏山的教学方法的前因后果非常重要。

图9　佐薇·尼尔·里德黑德

　　我出生于 1946 年 11 月 2 日下午两点，在夏山学校主教学楼二楼的后卧室中，我父母住在那儿的套间里。我比预产期晚出生了两周，所以那段时间我母亲总是在学校散步，她散步的距离很长，希望能帮助我早点儿来到这个世界上。有一次她出去了很久，当她回来时发现我父亲都快急疯了，担心她在路边就把我生下来了。

　　我还记得 1972 年我在家中生下女儿艾米时父亲的样子。从头到尾他都觉得很苦恼，因为他既不能替我分担身体上的痛苦又不敢到产房里来陪我，这一切都让他气馁。尼尔深爱着他的母亲，她一共生了 13 个孩子，每次分娩都是极为痛苦的经历。

　　我出生的时候，尼尔 63 岁了。他在他的前一任妻子莉莉安·诺伊斯塔特（Lilian Neustatter）过世一年后迎娶我的母亲埃娜（Ena）为妻。是莉莉安和他一起创办了夏山学校，那时大家都称其为莉丝夫人（Mrs Lins）。

　　尼尔生于 1883 年，人们常常忘记这位当代思想家原来出生于如此久远的年代。尽管他的教育理念如此超前，从他家庭生活的某些方面以及他的写作中，人们还是能发现他和我们身处不同时代的迹象。

　　尼尔从未染指过诸如做饭、洗衣服、内务决策等这些传统女性的职责——但他很喜欢从屋子里的角角落落找些东西出来和沙子一起放到水里煮成一种糊状的东西用来去除手上的油迹——尽管用起来黏糊糊的，但效果不错。他还专等妈妈不在的时候，把他的手帕放到妈妈最喜欢的锅里煮沸消毒。他不能理解妈妈为什么老是对这件事情怒不可遏。

　　不是尼尔不愿意做一个"现代人"，只是他已经习惯了自己的生活方式。他完全支持妇女解放、权力自由，这些都是夏山教育的内容。他乐于见到生机勃勃的女孩子，也很高兴看到那些高年级的女生管理学校事务，对于她们的能力他从不吝惜自己的赞美之辞。有时候我很怀疑早年夏山的女毕业生是如何处理心理落差的。因为就读在夏山时她们在一个男女平等的环境里成长，在这里她们的社会角色与女性无关。但等她们走出校园步入社会后会发现，从某种程度上来说她们仍然是二等公民，人们对她们的期望不过是待在家里，料理料理家务。当时的社会甚至还不能大方地接受女性也有性欲这样的事实。男性对女性的性欲这样的话题讳莫如深，例如，几乎没有人会公开谈论性高潮。

尽管尼尔有些作风比较老派，但他非常乐意和我谈论我的性生活，也常常会询问我这方面是否顺利，从我青少年时期便是如此。他同意威尔海姆·莱希（Wilhelm Reich）的看法：健康的性生活对于健康来说非常重要，而且健康的性生活还能给人们带来一种满足感。正因如此，他对于女儿的性生活是否美满很关心——要知道，时至今日，这对于很多父亲来说都还是个难以启齿的话题。

我出生的那天晚上不是节假日，学生们都没去睡，在走廊上等着看我会是个男孩还是女孩，他们还要比比谁能第一个听到婴儿的啼哭声。所有的人都兴致很高。我出生不一会儿，我同父异母的哥哥，当时 14 岁的彼得就得到允许到房间里来看我。我前不久遇到了当时在走廊上翘首盼望的男孩之一——他现在已经 70 多岁了——他告诉我他是当时第一个听到我哭的人。

但是，等最初的兴奋劲过去之后孩子们就忘了楼里有一个刚出生的婴儿，于是我父母决定搬到校门口的小屋去住。这倒不是在说夏山学校的孩子不体贴人——是我们的套间正好位于学校的留声机和舞场上，这里每星期会举行三场舞会。在自由环境中长大的孩子生性就是活泼好动、吵吵闹闹的，所以就像平常一样，尼尔没有把这个状况借题发挥成孩子们品行上的问题，而是决定迎合当时的状况自己搬出去住。我们搬到了冬青小屋，我的双亲一直住在那儿，直到去世。那儿离主教学楼非常近，但却有足够的空间，不用再过着忍受楼下吵吵嚷嚷的生活。

人们最常问我的问题就是：做 A. S. 尼尔的女儿的感觉如何？他是个怎样的父亲？

我一直觉得自己好像是有着双重身份。一方面，我是他深爱着的小女儿，另一方面我又是他的一件正在制作的作品，他可以在我身上验证他关于如何管教孩子的想法。作为他的女儿，我觉得他坚信自己的教育理念。我不知道他是否认真考虑过该如何为人父，他和我的母亲

图 10 尼尔和佐薇，1951

是否规划过我的未来，或者就像我对我自己的孩子那样认为既然他们是在夏山学校这样的环境中长大的，那么顺其自然就是最好的办法。

尼尔是一个孩子能想象的最好的父亲——风趣、睿智，从来不对人居高临下，你一见到他就会想给他一个拥抱。

他永远支持你，无论什么时候他都无条件地站在我这边，而且他从来不来干涉我。我觉得这两件事对于一个孩子来说是最重要的。

作为他的女儿我从来都没觉得有什么不自在的。我在学校和家里所受的教育对我来说实在是再自然不过的事情了。尼尔非常幽默，小的时候他每天都会给我讲睡前故事。比阿特丽克斯·波特（Beatrix Potter）的"比得兔"系列（Peter Rabbit）我不知道听了多少次，到后来他不管讲什么故事，开头那句总是："很久很久以前有四只小兔子，他们的名字是奄拉、毛毛、棉尾巴和比得……"我总是装出一副很生气的样子，尖叫着叫他别犯傻了。

我们一起玩扑克，他一个人在索普尼斯高尔夫球场打球时我就替他当球童，一起散步，做着一些我当时以为所有父亲都会和孩子一起做的事情。尼尔的幽默感给我带来的莫大的快乐。他讲的故事充满想象力，我们常常在一起玩"假装"游戏。我们创造出一些名叫罗丝、约翰的玩偶朋友，那时常常一起玩、一起聊天，直到有一天尼尔替我洗澡的时候他们钻进了下水道里，从此再没露过面！

尼尔在夏山学校扮演着幕后工作者的角色，大家知道要是有困难或者有什么急事的时候都可以去找他帮忙。但他自己有自己的生活、工作，就像学生们一样。作为他的女儿，我也常常是很长一段时间不怎么见到他，即便相遇也仅仅是打个照面。

除了几个比较特殊的学生外，大多数学生对于尼尔的印象就是平日里玩游戏的时候匆匆从他身边跑过，摆一下手叫一声："嗨，尼尔。"有一件大家都知道的事，有个男孩在入学半个学期后寄回家的家书里写道："这儿有个叫尼尔的家伙，我挺喜欢他的。"

现代社会的父母好像一刻都不能离开孩子。不知道是不是"懒惰是万恶之源"的想法，或者是对于无法成为人们眼中"优秀家长"的担忧一直刺激着他们，为他们提供着动力。

在夏山学校，我们发现这样一刻不停地关注给孩子们带来的影响是这些孩子对来自成人的鼓励和影响恋恋不舍。没有了大人的关注和赞赏，他们简直不知道该如何继续自己的生活。不难想象，一旦学校里有新来的老师或者是客人，这些学生会和他们特别亲近，因为学校里的其他人都是用平常心来和他们相处。不是我们残酷，而是这条路虽然磕磕碰碰，但对孩子来说很有必要。要是你令大家头疼，还整天希望别人盯着你、陪着你，没有人会真正喜欢你，他们会感到厌烦，迫不及待地想要离开。

前不久，我们学校来了个9岁的女孩。她性格开朗、才华出众，而且长得很漂亮。无论是戏剧表演还是玩游戏，她总是冲在前面。在成年人面前她忍不住要表现得更好以此来赢得他们的夸奖。每次我见到她，她都会自以为是地说些什么来显示自己的聪明之处。后来我告诉她我非常乐意和她谈谈，因为我真的喜欢她，她大可不必为了给我留个好印象而刻意迎合我。谈话结束后她终于明白她那些刻意的行为并不讨人喜欢，但是我无意以一种居高临下的成人的态度来教训她，因为她还是个孩子。在第一个学期末的时候我很高兴看到她就像对待一个普通人那样看我、和我谈话，而不是像过去那样好像在刻意为成年人表演。

我曾见过一位父亲，他的孩子已经 10 岁或 11 岁大了。他会和他的孩子玩坐飞机和打仗的游戏，你可以说他就好像自己的孩子才一两岁大一样。这个孩子有非常严重的行为问题，他一到学校就忍不住要欺负、伤害其他的孩子。他觉得离开了父母的关注，学校的日子简直没法过。他的母亲就好像出疹时的小红点一样无处不在，老是守在他身旁亲亲他、抱抱他，再时不时地在他的耳边低声地说些甜蜜而毫无意义的话。每当他的父母在他身边，他就退化成一个婴儿，举止幼稚，说话奶声奶气。

当然这是个比较极端的例子——但我们还是能看到家长过分关注孩子、宠爱孩子会带来的结果。在 20 世纪 40—50 年代的这段时间里，夏山学校对于孩子们来讲是一个远离成年人的粗暴和威胁的地方——但是今天夏山学校发现自己开始扮演严格执行纪律的角色。告诉孩子们不能想怎么样就怎么样，他们还要考虑到别人的权益和感受。要是尼尔也能看到夏山现在所扮演的角色，他一定会觉得很有趣。

尼尔从不干涉我或者其他夏山学校学生的自由，这是夏山学校理念非常重要的一环。这是一种给予你去过任何你想过的生活的自由。这种自由没有任何附加条件，你不需要对父母或者任何成年人负责——你大可放心地过自己的生活，犯犯错或者从错误中吸取些教训。你可以不理别人，可以无所事事，可以冒险，可以高兴时对人笑脸相迎，不高兴了就摆张臭脸。只要你不影响或伤害其他人，随你怎么高兴都行。即使是成年人，有多少人能过这样无拘无束的日子？当然在夏山别人会对你的言行作些评论，当你有问题时会有人给你的各个方面提意见——但是没人会来强迫你。那种可以"走自己的路，让别人说去吧"的感觉让人觉得成为自己生活的主宰者。

我无法忘记尼尔那种既支持你又不来干预你的做事方式。直到现在和他一样也当了夏山学校的校长，我才意识到在当年他能这样做实在是非常勇敢。要知道当时还有些学校和家庭会对孩子进行体罚，人们普遍认为小孩子应该始终待在大人的眼皮底下，而且还不能发出任何声音。

我发现自己的工作方式与父亲的很像。尽管我很快会谈到我自己的一些做法，但作为夏山学校的一员、作为夏山学校曾经的学生，我总是让孩子们过着他们自己的生活，他们没来找我之前，我很少会去主动找他们谈话。

经常会有客人问我们为什么有的孩子明明看上去就是很孤独、难过，但我们还是让他一个人待着。这就是夏山学校的力量之一——它会给你足够的空间，让你能自己一个人独处。大多数的成年人都会有只想一个人待着的时候——但是孩子却很少有这样的机会，因为他们身边老是会有一个围着他们转的大人在这样的时候迫不及待地想提供帮助。有时候没人帮助也挺好的——起码你可以有自己的空间。在最近一次的毕业生问卷调查中，一个女孩子这样写道："就是因为我没什么事做，所以我有很多的时间来思考——在一般的学校里所有的事都安排好了，你根本没时间思考。"

现在的家长认为他们应积极参与到孩子的每一个成长过程中，这样的想法让我不免有些担心。家长们一下班就匆匆赶回家或者去接孩子，迫不及待地为孩子创造一个激发他潜能的环境。我们不能让孩子老是看电视、玩电脑游戏、在街上瞎逛。我们要为他们安排些有意义的活动，总是让他们有事可做。带他们去上芭蕾课、学学游泳或者去认识些新朋友，在家里和他们谈话，总之，家长时刻准备着要激励孩子。这样的做法本身就会给家里带来很大的压力。因为首先家长会发现要永远这样充满激情非常困难而且很累，其次，孩子们对参加这一系列的活动也常常表现得意兴阑珊。

夏山学校的孩子们知道，只要他们愿意，他们就能从成年人或者其他孩子那里得到帮助和支持。这里的集体力量和民主作风让他们放心，在这儿你知道即使是在冒险，你也是有后盾的，无论冒的险是情感上的还是身体上的。

图11　"这儿有一个叫尼尔的家伙,我挺喜欢他的。"

我想起了一件事,几年前我们有一个5岁大的韩国女学生,她非常可爱而且长得很小巧,学校里上上下下每个人都很喜欢她。一个名叫迈克尔·纽曼(Michael Newman)的老师告诉我他从窗口望出去,刚巧看到这个小女孩在操场上独自玩耍。只有她一个人全神贯注地在玩——周围没有其他人。她看上去是那么的娇小好像很容易受到伤害的样子,但玩得那么高兴、心无旁骛。他突然意识到像这么小的孩子几乎没有什么不受别人看管一个人玩的机会。他说当时觉得自己像是一个入侵者,有一种负罪感,即使他只是看着她玩。但他也很高兴自己没有影响到这个独自玩耍的小姑娘。

曾有一个家长在考虑是否让孩子入学时问我:"那些年龄很小的孩子怎么办呢?你又不知道他们会在哪儿,要是他们走到学校外面去,到镇上迷了路怎么办?"实际上那些年龄很小的孩子知道要遵守校规,他们知道按学校的规定，在没有大孩子的陪同下他们不可以到外面去。他们并不是一群叛逆的孩子，只是贪玩罢了。倒是那些大孩子更可能违反校规，他们老是在学校全体会议上提出要修改关于出入学校或者就寝时间的校规。要是违反了出入学校方面的校规，全体会议一般会给予两天禁闭（不准离开学校）的处罚。

如今的夏山非常忙碌。我们觉得她成长了，倒不是说她的规模大了而是指她更有生命力了。当然我们的学生数也从尼尔当时的平均60人增长到了目前的88人（2005学年）。

人们总是问我夏山学校这些年来有了怎样的变化，它是否还是当初尼尔在世时的那个夏山学校。基本上来说它还是当年的夏山学校。我总觉得夏山学校就像大海一样——无论潮涨潮落，大海始终如一。夏山学校会根据师生情况作出相应的调整，但是学校的办学理念、整个学校的运作方式从未改变。这不是因为我们要忠于A. S. 尼尔和他所做的一切，而是他的理念和他设计的运作方式在这里确实是行之有效的。整个夏山学校对他那健全的理念有着如此深刻的理解，根本没有必要去改变些什么。

你怎么去改变那些诸如孩子应该有自由选择生活的权利或者所有的人都是平等的这样简单的理念呢？这些理念如此简洁、实用、实事求是。正因如此，这些理念能不受任何教学思潮的影响，不需要适应流行。这些理念确保我们并不需要那些家长、学校或者监管人在学校或家里控制孩子或青少年的并不恰当的"规矩"。

学生们毕业一年左右后回到母校来时会注意到很多变化，十分有趣。"这儿的变化真大……乔治换房间了；起床时间提前了；涂鸦墙重新漆过了……"

但要是学生是毕业了很久后才回到母校，比如说30年后，他们就会觉得学校几乎没什么变化——她给人的感觉是一样的，听上去也是一样的，整个氛围和当初几乎没有变化。

当然在硬件方面会有变化——生活在继续——但是办学理念为什么要变呢？可能大家会对我说，"要知道现在的孩子们变了那么多——这一定也给学校带来很多变化吧？"不，孩子们根本没有任何变化。我们现在的成绩是过去千百年积累的结果。人类的需求在过去 80 年来并没有改变——我们和祖父辈们有着相同的弱点和渴望。可能我们周围的环境不同了，还有我们穿的衣服、我们的兴趣、从事的体育活动不同了，但是这些事改变不了人性中最基本的东西。

　　如果老尼尔能像过去他常常做的那样从自己的**小房子**走到主教学楼，他一定会很高兴地发现孩子们几乎没有任何变化。当然，他们现在玩的是电脑游戏，用的是手机，这些东西尼尔可能连想都没想到过。但他们还是像以前那样放声大笑、到处玩耍、在树林里搭小房子、骑自行车、打怪兽（当然现在的怪兽比尼尔那时候的要尖端得多）、画画、四处瞎逛。小约翰会跑过来问我换 5 英镑的零钱，因为他想找到一个最有光泽的硬币。埃伦想看《大白鲨》（*Jaws*），但她的年龄太小了，于是她找到我，询问我能不能在学校全体会议上替她问一下，看看是不是可以破例看这部电影。这样的故事发生在每一代孩子的身上。

　　夏山学校的生活是返璞归真的，这里发生着各种各样的变化。就目前来说，我们比较强调课堂教学以及课堂作业。以后不一定一直会如此，这只是根据目前这批学生的情况而定的。他们中的一部分人可能有来自家庭环境的压力，不仅是父母给的压力，而是家庭与外界影响共同作用的压力。可能五年后就又会有变化。到时候说不定全体会议会禁止考试，谁去上课就要罚款——谁知道呢？

　　我觉得自己在学校的角色就好像一个掌舵手。我让我的长子威廉一起参与到这些工作中来，他现在是夏山学校的木工老师。我们会观察学校的各种蛛丝马迹，我们的作用就像那些根据气压的变化就能预报天气的小玩意儿。它们能在暴风雨来临前很早的时候就给出警报。多年来的经验使我们对夏山学校的一切有着本能的感觉，这种感觉能指导我们走向正确的道路。威廉和我能注意到夏山的来访者根本无法察觉到的变化。

　　可能是高年级班的孩子的责任心不够或者有点无法无天了，也可能是谁少上了几堂课就会担心自己会成为一个失败者，或者是全体学

图12　学生们可以随心所欲地打扮自己，2004

校会议的出席率开始下降了。一旦有类似的情况，我们就要找出原因来。是不是新来的老师表现得太像校外的成人，没能很好地融入夏山学校？学校里时不时地会出现类似的问题。我们的任务就是通过想办法去解决这些问题，同时保持整个学校人人享有平等权利的状态。有时候可能会有一段时间做得不太好——但到最后总是会回到原来的那种平稳状态。这就是民主制学校的优点。如果我们的全体会议出了点儿小问题，比如对于某人的处罚有失偏颇或者会议通过了某个根本没有可行性的规定，到最后我们总是能够纠正这些问题。

最近几年我们发现，夏山的毕业生回到母校来工作是一件再好不过的事。他们拥有一切在夏山工作所需要的技能，这让学校受益匪浅。你不需要向他们介绍夏山学校是怎么一回事（当然要介绍一下他们自己作为老师的任务安排），他们知道如何保持学校的平衡状态，用平等的身份和孩子们说话，他们经历过所有的一切。有时候我们会有多达5个曾经是夏山毕业生的教师（包括我和威廉），这段经历非常愉快。对于那些毕业生，他们也得到了一个从其他角度了解夏山的机会。当我们还是学生的时候，很少会去注意成年人在做什么。我们在夏山过着逍遥自在的生活，甚至很少去注意每天都发生了些什么事。所以当那些毕业生们回到母校来任教时，他们说这份工作让自己认识到，夏山学校的成人们肩负着多大的责任，也正是这份工作让他们认识到要照看好夏山学校是一件多么不容易的事。那些毕业生们喜欢在这里的工作，就像过去那些回到自己的部落、村庄或家庭的年轻人一样，他们为学校作出了巨大的贡献。

当然，无论是教师还是宿舍管理员，总有一支强大的核心力量在这些队伍中，这些核心人员在夏山都已经工作了相当长的一段时间，他们为学校能在正确的轨道上发展出了大力，长时间的任教经验使他们对夏山学校在外人眼中看来错综复杂的情况有着深刻的理解并且知道怎样的状态对学校来说是最好的。

但在所有我们这些人中，高年级班的学生才是学校运行顺利的关键。常常有新来的老师告诉我她们觉得那些高年级班的孩子对学校要比他们了解得多。尽管这对他们熟悉自己在夏山学校里与学生平等的角色有好处，但有些人在刚开始的时候还是觉得有一种威胁感。在这儿经常会有这样的事情发生，可能某个成年人的行为逾矩了，是学生让他安分下来。就在最近，我和一位老师得到了来自全体会议的强烈警告，因为我们预订学校餐厅组织活动时，没有每天签到登记。当时我们连续三天在餐厅组织一场讨论会，而我们只预订了两天，这违反了规定。我们保证下次一定会遵守预订规则！

当夏山学校里的"大孩子"责任重大而且很有意思。周围年龄小的孩子会爱戴你、尊敬你。当然并不是所有的大孩子都能受到大家的喜爱，有些人为人并不友善，因为还在长大的过程中，还不知道什么叫责任感——比如，他们总是想着他们自己，想着自己的需要而不是整个集体的需要。但是学校时不时会有一支由备受其他孩子尊敬的大孩子们组成的核心队伍，这时候我们这些老家伙就可以退到幕后，让他们来管理学校的事务。很难描述清楚夏山学校的大孩子的角色是怎么样的，一位夏山毕业生曾在她的博士毕业论文中写道："当你把自己的孩子送到夏山学校就读时，你不是把孩子送到成年人那里，而是把孩子送到了其他孩子那里。"我觉得这句话是对大孩子的很好的总结。他们富有同情心、责任感，他们从夏山的角色里学到了很多不可或缺的知识，在今后的人生里他们会渐渐体会到这段经历的价值。

那么，在夏山学校怎样的集体生活是健康的呢？首先就是大孩子们要参与到校园生活中来，并且他们要对年龄小的孩子尽责。他们不仅要对学校的前进方向感兴趣，参与进来，更要显示出**关心**和**在乎**。我说的不是那种到哪儿手里都捧着一堆教科书、循规蹈矩的小大人，我说的是那些全面发展，关心集体和集体中每一个成员，并愿意为学校出谋划策、亲力亲为的孩子。夏山学校不是一个你因为害怕或者不感兴趣就可以袖手旁观的地方。这个集体是我们每一个人的，每个人都责无旁贷。在这里，你会发现没有人会成天跟在你身后帮你解决问题。

最近，在一个学校全体会议上，有一个 10 岁大的小姑娘想让我替她在会上提交一个提议。事实上她是一个非常有自信、口才也不错的孩子，她不该成为一个害羞的壁花小姐，所以当时我建议她自己去提交这个提议。她开始并不愿意，只是说"啊，我害怕"或者"我不好意思"之类的推辞，但是我坚持要她自己去做这件事。最后她当然做到了，而且表现出色。这个小姑娘习惯了大人来插手帮助她，所以一旦有什么事情她总会想要求助于他人。但是现在她开始意识到自己有能力去做些什么事情，并且她有能力按照自己的意愿去做改变。以后，她就能成为一个自己拿主意的大姑娘了——上帝保佑那些不走寻常路的孩子们。

我在学校全体会议上扮演的角色和当年父亲的角色有很大的不同。在夏山建校的初期，尼尔会花很多时间给不同的学生进行心理辅导。他在自己的个别辅导课上和学生进行一对一的谈话，以此作为夏山学校课程的一部分。当时其他孩子告诉我他会问他们一些类似"是否很讨厌自己的母亲"的问题。我觉得自己的朋友都在上个别辅导课而自己没上好像被落下了，所以也要求上一节个别辅导课。他把我请到办公室里，我们一边喝着他自制的接骨木果酒，一边聊天。他没有问我是不是讨厌我的母亲，但是他跟我谈了一个类似的话题：我糟糕透顶的父亲！在壁炉旁的一个盒子里放着一个玩偶之家，那是缝纫课上的成品。那些灰头土脸的玩偶是用毛线织出来的，身上的衣服还可以脱卸。这些玩偶一个是爸爸，一个是妈妈，还有一个女儿和一个儿子。那些玩偶甚至有编织得非常吸引人的生殖器和黄色毛线做的阴毛。我们称他们为"乱搞之家"，成天做一些荒唐的傻事，有时甚至会上演一场乱伦的故事。我不知道是不是有人曾用玩偶演过一些家里发生的真实的事，但尼尔确实想方设法地让孩子们在成人面前表现出真实的自己，这些玩偶就是他精心设计的方法之一。从这一点也可以看出他和大家印象中的千篇一律的校长的不同之处。

图13　学生们自己制定游泳池规则，玩得很开心

尼尔的个别辅导课上了很多年，尤其是为那些交往比较困难的或者不快乐的孩子。但是后来他发现那些没有来上个别辅导课的孩子的问题后来也被化解了，孩子们同样进步了。他得出了结论：是夏山学校自由的环境，而不是个别辅导课上的谈话治愈了孩子的不快乐，于是他停止了个别辅导。

尼尔给孩子们上个别辅导课的那段时期，在学校全体大会上他会尽量保持低调，这点非常重要，因为他不愿意跟日后需要他心理辅导的孩子形成一种剑拔弩张的关系。幸运的是，当时学校里有好几个长期任教的成年人。除了我母亲埃娜，还有长期以来担任女舍监的奥莉，她也是夏山的毕业生，美术老师哈里和与我同父异母的哥哥彼得，这些人都积极参与学校的日常生活，如果形势需要他们扮演一些引发争论的角色，他们是非常乐于帮忙的。他们会及时地提出问题——比如在哪些地方过了就寝时间还是有吵闹声，或者地上乱七八糟的，又或者有哪个人横行霸道引起了公愤。他们直言不讳，谈论问题的时候很有分寸。你不会觉得他们是像老师那样在给孩子灌输道理，而是作为夏山学校的一分子就事论事而已。这样尼尔就能心安理得地退居二线，扮演一个低调的校长，让孩子们慢慢了解他、敬仰他。

到了我做校长的时候情况就很不一样了。我是从夏山毕业的夏山人，我是跟着学校全体会议制度一起长大的，我觉得作为学校里的一分子，不平则鸣是我的责任，我绝对不会任事情发展而在一旁袖手旁观的。如今我在学校全体会议上非常活跃，想什么就说什么，和大家一样出力，我希望成人和孩子在会议上保持平衡的状态。成年人在学校全体会议上完全可以畅所欲言，只要他说话时是作为夏山的一员而不是作为一个成年人——这两者有很大的区别。

曾经是夏山的学生这样的身份让我在担任夏山的校长时与我的父亲有很大的不同。我觉得这段经历给了我父母所没有的优势。我是在夏山长大的小孩，我和其他孩子一样在一次次学校全体会议中学着长大，我和那些"捣蛋鬼"们（都是些11—13岁大的孩子）一起溜出去玩，那时候我还是个偷东西的高手呢。后来我成了学校里的大孩子，我会对学校生活和管理提出自己的看法，在各种委员会或者校园生活的其他方面积极地起着自己的作用。当然，我的意思不是说我做校长要比父亲更得心应手。这毕竟是他亲手创办的学校，这里贯彻的是他的想法和他对教育的理解。但是在我跟孩子们谈话时，同样毕业于夏山学校这样的身份确实给了我一些方便——他们知道他们做的那些事以前我也全干过。

我时不时会想起尼尔，甚至强烈地希望他能回到这儿来和我小叙一会儿。我很想告诉他这儿发生了哪些新鲜事，向他请教些问题，间或告诉他"尼尔你看，事实上你的想法在这里有点儿问题……"

我最想念尼尔的时候是1993年4月，当时一部名叫《从心所欲的夏山——记夏山学校创校70周年》(Summerhill at 70) 的电影在第四频道播出。就是那部有着恶名昭彰的兔子被砍头的镜头的电影（在那部电影里，有一个兔子被砍头的镜头，引起人们的谴责）。我们让几个自称是人类学家的美国电影制作人及他们的家属住到学校里，允许在隐蔽的状态下进行纪录片的摄制。在此之前，他们曾造访过夏山并表示希望能做些什么以支持这所学校。我们把他们当做朋友，所以对他们毫无保留、以诚相对——然而他们拍摄的纪录片从本质上讲是彻头彻尾的谎言。

我必须说明在进行拍摄的那段时间是我在夏山学校最糟糕的日子。当时有一位老师和他的3个孩子刚刚来到夏山，他对夏山的偏见和一些个人问题使他无法适应这儿。还有一些从其他学校刚刚转学来的问题学生也有不少麻烦。总而言之，如果你的一举一动非得被一支摄制组监视，当时绝对不是一个合适的时机！

那个学期刚刚开学的两个星期后传来了一个噩耗，一个开学后一直没来上课的名叫亮的日本小男孩因为哮喘突发去世了。整个学校上上下下都陷入了巨大的悲痛中。亮和我们在一起已经6年了，是我们大家庭中的一员。这学期他本该开始搬到小木屋里住（那儿是13—14岁孩子的宿舍），而且他早就拿到了新学期掌管罚款及相关事宜的工作。这个叫亮的孩子非常可爱、单纯，无论男女老幼每个人都非常喜欢他。

他去世的消息对我们来说就好像在学校四周挂起了黑色的幕布，之后这一整个学期夏山都被笼罩在一片阴霾之中。无论是学生还是教师都掉下了眼泪，拥抱彼此以安抚心中的悲痛。那些电影制作人却既没有拍下孩子们为亮举办的令人感伤的追悼会，也没有注意到学校上上下下的伤痛和这些伤痛背后流露出的爱。那段时间对于每个人来说都非常艰难，大家就好像失去了某个兄弟姐妹或者儿女一样。不幸的是，这件事却影响到了新来的学生融入这个大家庭，尤其是那些本来就有问题的孩子，整个学校好像一家人般的气氛反而让他们倍感孤独。

那些拍摄者没有将注意力放在整个学校是如何采取措施，作出调整来解决问题的，相反他们把所有的关注点都放在问题本身上，然后在电影里看起来就好像这些问题完全没有得到解决一样。他们把注意力都放在了少数刚刚来到学校里的孩子身上，他们内心充满愤怒，成天争吵、打架。影片里有些镜头放到那些年纪才十几岁大的孩子如何擅长搜集民意、调解矛盾，但却没有真正去关心他们如何运用这些技巧来帮助那些新来的孩子度过他们初来乍到那段颇为困难的时期。即便是周日晚上某次为了让大家放松心情而即兴举办的恶作剧婚礼也被拍得歪曲，让观众觉得嘲笑基督教的各种仪式好像是夏山学校的传统一样，引起了轩然大波。

这次拍摄的方向定位到底是那些人类学家的错，还是电影公司（边峰公司，Cutting Edge）原本就只想要一个血腥暴力的故事来搏人眼球，我们不得而知。尽管我们有可靠的消息知道当时他们内部有很大的分歧。任何在媒体工作过的人都知道这部影片是多么容易给大家造成误解——而大众又是多么容易被误导。

影片中并没有提到那只被砍头的兔子得了兔黏液瘤病（一种疾病侵害兔子的眼睛周围和外生殖器的退行性疾病，这种病的病程持久并会造成巨大的痛苦，最终导致死亡），而是拍得好像这种事情在夏山时有发生一样。实际上在当时的情况下，作为一个真正的自然主义者，我认为处死这只兔子是一种人道的行为，尽管他们使用的方法有些不正统。

事情的重点不在于这些男孩子做的事是否能让人接受——他们还是孩子，我们都知道孩子是会犯错的。令人气愤的是那些电影制作人没有把所有的事实都说清楚，而是一味地追求轰动效应。在预演时我们要求将这些镜头剪去，但是他们不同意。这些人很明显为了拍摄需要而付钱给孩子，叫他们在就寝时间后到最顶楼的走廊上把火鸡都放出来。那些男孩说当他们在处理那只兔子的时候，他们曾经要求摄影师不要拍摄，但是摄影师说这些镜头不会被放出来。

影片上映的时候一切都糟糕透了。我们不断接到电话和信件威胁说要杀了我们、放火烧了我们的学校什么的。其他教师非常好心地轮流接电话，让我不用经受这些折磨，直到今天我都没有看到过那些观众写来的信。莱斯特郡的大人们威胁说要把夏山出来的孩子痛打一顿。除了《经济时报》（*Financial Times*）和《曼城晚报》（*Manchester Evening News*），镇上所有的报纸都和这部电影站在一边，他们认为这是一部关于一个糟糕透顶的学校的好电影，完全没有想到这有可能是一部关于一所好学校的糟糕透顶的电影。

当时在校的孩子们都因为这次事件受到了极大的伤害。不仅因为这次事件给我们所有人都带来了巨大的冲击，也因为他们觉得可能是他们触动了众怒。

当影片开始在网上传播的时候，我觉得那是我人生中最艰难的一段日子。那段日子也是父亲死后我和他的心灵最为贴近的时候。我冒了那么大的险、他倾注了毕生精力的学校岌岌可危。这一切让我感觉糟透了。我突然意识到这些年来为了保护夏山学校不受那些反对意见的影响，父亲必须是多么的勇敢。尼尔本人是那么的温和、善良、替他人着想，其他人的不理解和冷漠一定伤透了他的心。但是他一直坚持了下来，当他把夏山学校交给我的时候，学校已经有了 75 年的历史作为奠基。

影片开始在网络上传播后不久的一个清晨，我梦见了我的父亲。那个梦是如此的栩栩如生，他躺在我房间的床上，我 4 岁的儿子小尼尔正光着身子躺在大尼尔的臂弯里。他轻轻地拥着他，低声呢喃着"都那么久了，那么久……"他是如此的感伤，但是臂弯里的孩子却似乎得到了些许安慰。当时我知道自己是在做梦，努力不让自己醒过来，因为我不想让父亲离开——醒来时我满脸泪水，轻声抽泣。之后很长的一段时间里这个梦都萦绕在我的心头，它给了我很大的安慰。

那部在第四频道播出的影片还花了很大的篇幅介绍几个夏山学校毕业生对我本人以及我担任校长一职的看法。其中的几个人马上找到我，他们以为这一切是我造成的，所以来责问我。这让我备受打击，我原本以为最起码夏山人会在这一艰难时刻站在我们这一边。他们看到电影的时候竟然以为影片中讲述的就是当时夏山的真实情况，这一点让我非常吃惊。我觉得这对于我父亲来说是一种变相的污辱，他们竟然以为我会让父亲毕生的心血陷入如此不堪的境地。

当然，现在的我很能够理解他们当时对我的不信任。夏山学校对于这些人来说是如此的重要——过去的毕业生、家长、老师、欣赏尼尔著作的读者们——他们怎么能了解到我会对夏山做些什么呢？

影片播出后的那个暑假，我们在夏山举办了一次教育会议，一些过去的毕业生出席了这次会议。这次会议给了我们一个开诚布公地谈论那些发生过的不愉快的事情的机会，讨论非常地热烈。那些批评责问我的人终于了解到了真实的情况，一切终于水落石出——我知道他们中的一些人现在成了我们最坚固的后盾。

二、让孩子自由发展

我会时不时地羡慕起尼尔担任夏山校长的那个时代。真希望我们能"时空转换"，尝试一下对方身处的环境。

尼尔一定会喜欢我们刚刚粉刷一新的学校、中央供热装置、温暖明亮的教室以及优于从前的教学设备。他会发现如今的新科技是如此有趣，说不定还会学着发送电子邮件——尽管他通过邮寄的方式收到的信件可能已经多到让他想避开邮件了。

他会很高兴听到夏山学校现在比以往更受欢迎，我们学校网站的点击率每个月都很高——最高时（到目前为止）一个月的访问量在 2005 年 3 月达到了 79 532 次。

夏山学校现在被视作民主及公民品德方面的权威。来自世界各地的人们找到我们请教一些关于民主学校或"自由"学校方面的问题，问题可以小到如何布置一个体现以学生为主的教室，大到如何使用我们的教学方法来下放更多的权利给孩子们。这并不是说夏山曾经门可罗雀。从 20 世纪 60 年代《夏山学校》这本书在美国出版开始，就定期会有一客车的客人来参观夏山。但是现在我们经常会接待一群群从英国或欧洲各地来到这儿来完成关于夏山学校课题的学生们。这是一件非常有益的事情，我们非常想创造一些新的方法，使得那些传统学校里的学生也能体验到夏山学校的学生们所享有的自由，哪怕只是比较有限的改变。我们也会去其他的学校走访，和其他学校的老师们一起进行讨论，开研讨会。我的丈夫托尼和我到世界各地做关于夏山学校的讲座——我们去过日本、波兰、巴西、西班牙、希腊、意大利、德国和土耳其等。突然间，夏山学校成了一个大家相互打听学习的地方，而不是像过去那样大家总是对她产生误解、总是批评她。

那我又会羡慕尼尔些什么呢？我想我羡慕他担任校长时的那份自由，他有足够的自由把自己的想法付诸现实。我知道当时总是有一些督学以及由督学们的报告而引发的没完没了的问题。但是那个时代更加宽容——生活在那个时代原本就更加自由。当时还没有出现"保姆型社会"（nanny state）这种说法——至少政府的政策不像如今这么巨细靡遗。当时根本看不见像现在这样种类繁多、不可理喻的诉讼案。为什么不能信任我们自己能谨慎、理智地处理好事情，不能相信我们既不会越权、也不会引得周围的人大呼小叫呢？

比如学生不可以在操场上骑自行车，老师们不愿意参加学校组织的旅行，因为参加的老师要负责学生的安全——这一切是怎么回事？更不要说现在老师们已经不能给孩子们一个拥抱了，有些甚至连给孩子的膝盖上贴块胶布都不敢，怕会因此被学生控告。我想要是尼尔知道了一定会很吃惊而且非常、非常地难过。我迫不及待地告诉大家，在夏

图14　迈克·纽曼（我们的科学教师）和贝思（学生）在一起，2003

山学校我们经常会拥抱孩子们，这可能会让政府的督学们觉得不适。但是我们这群人喜欢肢体接触，我们不会为了表达彼此间的喜爱之情而觉得尴尬。

在我们学校，年龄最小的孩子和那些稍大一些的都是男女混睡在一个房间的——就像他们平时在家里那样。现在我们有数不清的愚蠢的规定，规定了诸如学校应该设有几个厕所，并且具体制定哪些厕所要配给哪些人使用，学校应该设有多少个水池，8岁以上的孩子不能男女混住。光从这些规定你就能看出来这个处于崭新纪元的世界是多么的荒唐。那么多条条框框，就是因为害怕会被起诉——但是这些规定真的就让我们比20世纪60年代的时候更加安全了吗？我不这么认为！我还要告诉大家我们学校那些年龄最小的孩子（6—10岁）至今仍是混住的——而且我们认为应该维持现状。

所以，如果我和父亲互换了角色——我就能享受那份自由，可以按

图 15　尼尔在家中，1963

我们的想法继续经营学校，而不用动辄大费周章。我觉得防火规定、食品卫生规定和游泳安全规定都很有必要，规定的目的本身也很明确，但是有的学校竟然为了防止学生受伤而禁止他们参加某些体育运动——我都不知道说些什么好……

那些关于学生安全方面的问题在夏山学校几乎天天都会遇到。并不仅仅是人身安全方面的风险，还有情感方面的问题。孩子们爬树除了在挑战自己的生理极限以外，还能够感受到他们自己与别人相处时的关系。在这些过程中他们会学到什么事是可以做的，什么事是不能做的，他们学会了为自己的行为负责，了解到自己的行为会造成怎样的后果以及会给别人造成怎样的影响。这些都是冒险教会我们的东西。为了了解到如何把握有所为有所不为的尺度，冒险是必不可少的。

很幸运的是，那些把孩子送到夏山学校来的家长还是希望他们的孩子能有一个正常的和他们过去一样的童年。他们希望孩子能自由地玩耍，不要给他们诸多限制。我们这里的学生可以从很高的滑板斜坡上滑下来，可以在地上挖个大大的洞，在林子里搭个草棚——甚至在高高的枝丫上搭个树屋。当然难免会有些个小伤小痛的，但极少会发生意外。

从那些对夏山学校表现出兴趣的人中，我们发现寄宿制学校始终是一个充满争议的话题。有些人觉得把孩子送到寄宿制学校的家长没有尽到做家长的责任。当然我能理解这样的看法。过去那些寄宿制学校的生活（我不能肯定如今的部分学校是否还是如此）对很多孩子来说就像地狱般难熬——被送到那些等级制度严明、根本不利于孩子成长的地方自生自灭，欺负弱小的事情比比皆是。

但在夏山学校的校园，生活完全是另外一般景象。夏山学校就像一个真正意义上的儿童乐园。在这儿你和一群你喜欢并且信任的人朝夕相处——你可以不去上课，你可以参与制定与你自己的生活息息相关的规定，哪一天你想多做些事就多做点，想少做些也没有人会来干涉，一切都取决于你自己——你可以任意穿梭在大片的树林里做游戏，也可以随意地躺在大片的青草地上做做白日梦——这里几乎和无忧乐土没什么两样。

夏山的孩子会为了能住在学校而斗争到底的——就像这里原来的学生经历过的那样。他们都认为夏山学校给了他们一个难能可贵的机会远离父母，生活在这样的一个集体中。在这里没有家长的看管，你可以做你自己，不用担心是否会让别人失望。

说实话，即便是世界上最优秀、最善良的父母也会对自己的孩子心存某种期盼，希望他们能如何如何。当你还是个孩子时，你不可能不顾及这些期盼任意而为，因为你深爱着自己的父母，不忍让他们失望。要自立和做自己成了一件困难的事，离开家长让孩子们有机会感受到自己可能成为怎样的人。他们可以经历那些对周围人并不友好的年龄段，甚至做些小偷小摸的事情，违反校规然后在学校全体会议的时候为此被提起。这些对他们的性格成长是有好处的，因为他们能切身体会到做一个不受欢迎的人的感觉如何，而不仅仅是被师长教导不要去这么做。在这些经历后他们自己会发现做一个各方面都正常的人是一种理智的选择，这样的决定是经过彻底试验后作出的。这整个过程中他们的家长都不在场，所以他们并不知道这一切，因此也不会指手画脚。孩子们可以自己决定要不要把这些事情告诉父母，反正夏山学校从来不会给家长寄成绩单或者报告家长他们的孩子正在做什么。

寄宿在夏山学校不仅仅意味着你可以走自己的路——这里的生活还要求你自己去面对困难以及处理与人相处时遇到的问题。通常我们会让孩子们自己去面对那些艰难时刻，让他们自己学习如何适应环境。我们只给予关注，很少插手。我经常会对他们说，"我们从来没说过这会是件轻松的事儿——自由从来就不是件轻松的事儿，你要学会运用它。"

我认为青少年以及他们的言行如今之所以会成为一个全社会都在关注的问题，其原因就在于他们不管是在家里还是学校都没有学到如何面对自己的行为所带来的后果。总有人充当先知，告诉他们什么地方做错了——他们很少有机会自己体会到这些。这就回到了刚才我所谈到的应不应该让孩子们去冒险的这个问题上了。让孩子们从小就自己拿主意能教会他们如何去处理错误的决定带来的问题，并且能让他们体会到一旦作了错误的决定会给别人带来不便。

图 16　孩子们可以尝试冒险活动

　　几年前曾有一个走读生，他叫查理。他不信任大人，也不喜欢学校。最初的几个学期里他很少说话，尽量躲着这儿的成年人，也不来上课。渐渐地他学会了偷东西，技术还不错。学校里的每个人都知道他会偷东西。学校全体会议上他经常被点名。他总是给别人添麻烦，有时甚至还会动粗。在学校全体会议上，他没少挨批评，大家直言不讳地告诉他，他的恶行是多么令人生厌。这个集体从来不会用劝诱、鼓励或者奖励的方式来教导学生行善。她只是告诉学生做错了事以及他们的错误行为给别人带来了怎样的影响，然后让学生自己去解决问题，纠正错误的行为。

　　有一天，查理打电话告诉他的祖母他觉得很累而且非常无聊。他的祖母不免有些大惊小怪，马上打电话到我的办公室里。我找到了查理问他是怎么回事。他告诉我，他觉得很累而且还头疼。

"你昨天晚上是不是待在这里没回家？"我问道。

他说是的，但是他整个晚上都没上床睡觉。我告诉他给他的祖母打这样的电话是不合适的。要是他是自己待在学校里而且整晚没睡，那么头疼也是他咎由自取。我告诉他要是累的话可以上床休息一下。他说不行，因为负责安排大家就寝和叫大家起床的管理员说，要是他去睡觉就要被罚款，我说那真是太糟糕了。

因为查理是一个走读生，我最终不得不和他的父母谈谈，因为他的生活其实被截成了两段。比如他偷了什么东西或者做错了什么事，全体会议惩罚他时（罚他劳动、罚他 50 个便士之类的），他有时候会装作身体不适，然后就不用来学校"面对现实"接受处罚了。他在逃避现实、逃避他自己。

在听到孩子在学校里有那么多问题的时候，查理的父母有些吃惊。我向他们强调如果孩子能够住校就可以避免很多问题。他应该完全融入这个集体，成为其中的一分子，然后听听别的成员对他的行径有什么看法。尽管一开始他们的态度不太合作（多数人都认为自己的孩子是完美无缺的，不是吗？），但后来他们还是答应跟学校合作。

打那时起你总是能在想找到查理的时候找到他，而他也总是表现得非常好。一个星期天的早晨，我正好负责监督查理和其他孩子打扫盥洗室（我之所以负责这项工作是因为不像学校里的孩子那样，我在周日早上通常也起得很早）。当我 9 点开车到达门口的时候，查理已经在等我了。这对他来说是个很大的转变。

在成年人眼中查理可能还是一个不声不响的孩子，他不太来上课，但他开始学会对别人微笑，也不会躲着大家。有人丢了东西大家也不会马上就怀疑是不是他偷走的。过了段时间他主动要求住宿，而且表现越来越好。他开始在各种戏剧中演出，积极参加学校全体会议，给那些任性的孩子提建议，用自己的亲身经历来指导他们。他报名参加学校自治会，开始出现在课堂上，并且渐渐赢得了大家的心，和他相处让人觉得百分之百的愉快。

说到寄宿制，我想起来有一次学期末的舞会上，我碰巧经过休息

图 17　夏山学校的前门，2003

室，有个新来的孩子正坐在那间大房间的楼梯上。她叫住我问道：

"我能不能召开一次全体会议，提议大家不用非得回家过假期呢？"

这时管不了是不是民主了，我给了她一个非常肯定的回答——我很抱歉，但是你不能那么做。

现在抚养孩子大家经常会遇到的一个问题是家长如何控制好管教的度。通常来说家长们总是扮演着保护者的角色，同时管着孩子们，而孩子也总是听家长的话，从他们那儿学习所有东西。在有些家庭，这样的管教模式进行得很顺利，一有问题出现就马上会被解决。但是在很多家庭这样的模式带来了很多令人头疼的问题，家长和孩子之间相互不了解，生彼此的气，给大家造成了很大的困扰。

在和家长的接触中，我发现总的来说家长们缺乏安全感，无论是对孩子还是对自己的管教方法他们都不是很放心。很有意思的一件事情是，有些家长们对自己在管教孩子上拥有那么大的权力都本能地觉得不习惯。很多比较传统的家长担心自己是否能给孩子提供他们所需要的一切，担心孩子没有能力为自己作出决定。这就导致了一个如今很常见的问题，我们为孩子付出得太多，很少去考虑这样做是否适度。结果到处都是那些被宠坏了的"小皇帝"，他们想怎么样就怎么样、无法无天。家长们现在常常疑心是不是管孩子管得太紧了，因为他们无论如何不愿意在孩子这个问题上被质疑。通常他们只知道不该怎样做，但缺乏足够的指导让他们了解到该怎样做。

在我父亲那个年代的孩子与现在的孩子很不一样。当时大家都认为孩子应该在严格的管教方式下长大。在被告知"等你父亲回来再说"后，孩子们通常免不了一顿皮肉之苦。家庭成员很少表达互相之间的感情。孩子们要保证不吵不闹，而且出于害怕和顺从，他们总是待在他们该待的地方。有一次为了打破某个孩子心目中对大人的固有印象，尼尔和一个孩子一起打碎了一扇窗户。这件事流传得很广，听到此事的人中不乏一些人觉得这真是瞎胡闹。

现在很多家长在如何教育孩子这个迷宫里迷失了方向。即便那些"过时"的教育方法是有些高压色彩的，但至少所有的人还知道在家庭生活中他们各自的角色。

现在的家长有时候做事根本无章可循。我们经常能看到家长把孩子们从装有电视、立体声、宽带网、电脑、游戏机的、堪比宫殿的卧室叫出来一起吃饭，规定他们一定要把盘子里的蔬菜吃完。那些孩子不是闷闷不乐就是大吵大闹地表示抗议，于是家长很容易就妥协了：他们不一定要吃完那些蔬菜。但矛盾还是在那里。在有些应该让孩子自己拿主意的地方家长们却不愿意让步，于是孩子们就不愿意听，开始反抗，互相攻击和不愉快成了家里司空见惯的事情。你告诉我要做什么，可是我觉得这不公平所以我回嘴、不合作，有时候我赢了，可是我还是恨你，因为你一开始就不应该来管我。

在夏山学校我们很少会为这些琐事而争吵，因为我们觉得没有那个必要。即便我是一个大人，但是我哪里来的权利去规定孩子们一定要吃什么东西？不管你是谁，去干涉别人吃什么东西都是没有道理的，当然如果你是医生，规定病人吃什么是另一回事。此时在读这本书的读者，如果我请你吃饭，却做了一道你最讨厌吃的东西而且命令你一定要把它吃完你会怎么想？那为什么换成是孩子大家就觉得是理所当然的事情了呢？难道是因为他们长得小，思想不及你成熟？如果你能更进一步地想这个问题，就会发现这实际上是一种以大欺小的行为。

另一件不断引发争吵的事情就是着装问题。要是孩子为了显示自己的个性而穿条破破烂烂的牛仔裤，剪一个莫西干头还把它染成粉红色的，大多数家长是无论如何不能接受，也不会让他们的孩子这样出门。我也知道多数学校也有类似的校规——但我不明白这是为什么。还是一样的问题，凭什么一个人仅仅因为他是成年人就能教别人该穿什么？

在夏山学校过去的80多年里，我们认识到孩子能很好地决定自己该吃些什么。当然有些时候，孩子们的选择会让那些认为了解让孩子保持健康和茁壮成长该吃些什么的家长哑口无言。比如，很多小孩子会在特定的一个年龄段盯着淀粉类食物吃，但这并没有给他们造成什么健康问题。

我们学校有个男孩最近刚刚满7岁，刚来的时候他光吃米饭、土豆或者意大利面。他的父母都是医生，在管教孩子的时候非常注意约束自己的行为。他的母亲给我打了电话希望能听听我的建议，因为以前她从来没有碰到过这样的问题。于是我告诉她因为在夏山学校孩子们可以自己选自己想吃的东西，所以我们见过很多这样的例子。可以自己选择饮食的孩子似乎都会有一段时间对淀粉类食物特别感兴趣。我告诉她不用担心，他的孩子应该不久就会选择更多其他种类的食物吃。实际上几年后当我说的实现了的时候，我打电话告诉这位家长。当时我们的厨师不在，于是我便代理为大家做晚饭，做的是面条和一些炒蔬菜。那个孩子过来问我要了一些面条和炒蔬菜。我马上就打电话告诉他妈妈这件事，我们还一起笑了会儿。他再也没有光吃淀粉类食物，现在的他高高大大、英俊潇洒也很健康。他在自己选择的社区学院里学习得相当不错还在备考大学。

现在这些在教育孩子方面的混乱的状况也给夏山带来了问题。我们过去常常遇到的是那些被与成人相处的经历吓怕了的孩子——而现在的夏山学校反倒成了教孩子们规矩的地方。以前那些对大人有意见的孩子总是表现得非常内向、不愿吭声，所以当他们来到夏山学校时通常会经历一段比较长的适应期，学会"表达自己"。但是我发现最近几年的孩子有很多对他们的家长不满而且极不礼貌，他们公然地对自己的父母呼来喝去，骂脏话，就像两岁的孩子那样发脾气以此来达到自己的目的。

有一次，一个姑娘电话里对她的母亲说了非常不堪入耳的话，以至于我当时就告诉她如果下次我再听到她这样讲话，会把她交给学校自治会处理。另一个老师也曾对她说过一样的话。这个女孩气急败坏地叫道："她是我妈，我爱怎么和她说话就怎么说！"我告诉她，就像在夏山这个集体中的每一个人会做的那样，如果我听到一个人对另一个人说的话是非常过分的，我绝对有权把这件事在学校全体会议上告诉大家。她就是不能明白我的意思。"可那是我妈啊，"她不断重复着这句话——好像这是一个正当的理由一样。

后来我并没有在学校全体会议上提起这件事，因为在那次谈话后我能看到她正在慢慢地进步——她开始认真思考我说的那些话是什么意思了。

后来有一次我们坐着聊天的时候，她告诉我当时她控制不了自己——只要一生气她就想冲母亲大吼大叫。这个姑娘在和其他孩子相处的过程中也是困难重重，但好在她渐渐地意识到坏脾气对她的人际关系没有任何帮助，所以慢慢地她不那么满口脏话、口不择言了。渐渐地，她开始让大家认识到原来她本身是这么一个为他人着想而又招人喜爱的姑娘。

通常我们的家庭教育模式是从孩子在婴幼儿期就希望让他们学会听话，懂礼貌，遇到危险知道要怎么做。在孩子还很小的时候就要学会在得到礼物的时候说"谢谢"。一开始是把东西拿给孩子的时候大人在一旁说"谢谢"，后来这个词就变得有指导性意味在里面，甚至像一个命令，因为大人就会把东西一直拿在手上不交给孩子，直到他们听到一句"谢谢"为止。然而孩子们根本弄不清楚这是怎么一回事。那些低龄儿童的需求是非常直接而又以自我需求为主的，要他们搞清楚一句"谢谢"意味着什么，就像要他们理解代数方程式一样困难。如果一个人并没有从情感上去理解和接受这句话的含义，那么即便让他做到了这一点也只是浪费时间罢了。

在与夏山学校的孩子相处的过程中，我很喜欢听到他们发自内心的感谢，比如在发每个星期的零花钱的时候。当然不是每个孩子都会跟我说谢谢——有些孩子一把抓过钱就走了，但这并不会让我觉得有什么不妥。

图18　夏山学校的全体会议，2004

在夏山学校我们认为那些礼貌用语背后的意思才是最重要的东西。比如在全校全体会议上我们不会鼓励孩子说"对不起"，事实上我们会避免这么做。因为认识到你所做的事造成了怎样的影响并且不再这么做才是最好的表示抱歉的方式。有时候，新来的学生或者老师会在学校全体会议上提议某人应该为他所做的事向大家说"对不起"——通常这会招致已经在学校待了很久的成员的反对，因为他们觉得抱歉应该是发自真心的而不是经由别人提醒才说出来的。

夏山学校是我所知最重视实际行动的地方，这里没有任何关于精神、心灵方面的说教，虽然很多客人说他们能在这里感受到一种特别的精神。我认为他们感受到的是学生们的坦率，集体相互之间的诚实。这种事实形成了一种力量，也为夏山带来了宁静的气氛。

全校上上下下都非常脚踏实地。学校自治会制定的校规都是非常基本而且实用的——一旦那些校规不起作用了就会马上被废除。大家很少会讨论这件事情背后的信条或者那件事情意味着怎样的意识形态——我们只是前进着，以一种基本而简单甚至有些**原始**的方法前进着。

我觉得正是因为夏山学校这些特质，夏山学校成了一个非常适合辅助治疗的地方。所有来到这里的人，无论是大人还是孩子，到了离开的时候都会有非常大的改变。在这里的生活比躺在心理医生的躺椅上的作用大多了。每个人刚到这里的时候都带着个满载着过去的箱子——恐惧、愤怒、不安——当箱子就好像潘多拉的盒子一样被打开后——所有的东西都公开了。

当然校园生活也有困难的一面。比如说，不得不面对一些不愿意面对的现实。生活在一个100多人的集体中意味着你必须学会妥协，你过去可能从来不需要这么做。所有的学生都住在集体宿舍直到他们到了可以坐四轮马车的年纪（我们称之为马车组），一般来说，至少要到14岁，要尽力和睦相处。刚开始要做到这些可并不容易，尤其是对那些独生子女来说——但也有好的地方，比如熄灯了以后还会有人陪你夜谈聊天。要学会分享可能是很困难的，但一旦做到了，你就会发现大家有商有量地作出一个折中的决定是一件很容易的事，而且想要前进的最好方法就是能和别人一起讨论你所遇到的问题，即便有时意味着你不得不改变自己的初衷。

　　夏山学校这样的解决问题的态度意味着这里的人更愿意直言不讳地说出自己真正的想法。比如说一旦遇到有人欺负弱小者——通常都是些小问题，不是那种情节恶劣、后果严重的问题——我们都会立即告诉当事人我们是怎么想的。当然有些时候显然有些人是自讨苦吃，他们自己难辞其咎，这样的情况也需要有人告诉他们那是他们自己活该。

　　最近一次学校全体会议上的事就是个很好的例子。一个 13 岁的女孩告诉大家一群大男孩老是刁难她。自治会里的各个成员们都指责那些男孩子们，说他们太无法无天了。但是他们辩解说那个女孩成天跟着他们，还老是惹他们生气。所以会上大家除了告诉那些男孩子们，任何原因都不能替他们的行为开脱，并罚他们完成一些中等强度的劳动（比如在某位监督人的监督下捡半个小时的垃圾之类的服务于整个集体的劳动），同时还找那个女孩子谈了谈，我也和这个女孩谈了。我们告诉她在整个事件中她自己的问题所在，她没有躲开那些人，而是总跟着他们，而那些人之所以总是欺负她也有一部分原因是因为她给了他们一个这么做的理由。有时候人们并没有意识到自己的行为在别人心中造成的印象，所以如果他们老是招致令人不悦的对待，那么他们或许应该调整自己的行为，最起码也应该审视一下自己的行为。

　　在处理这件事的当天学校里正好来了几个客人，全体会议处理完这件事后，他们感到很生气而且并不赞成自治会的处理方法。他们只看到了一个被几个大男孩欺负的小姑娘，认为在全体会议上她没有得到公正的对待。于是我们试图向这些客人解释。首先是由于他们刚刚来到学校，对于整个事情的来龙去脉并不了解，这个女孩子有着怎么样的问题，她与人相处时是怎样的，她过去在大会上报告过的其他事情，这一切客人们都无法在一次短暂的访问中了解到。在没有了解所有事情的状况下人们往往会作出臆断，并且被这些臆断误导。但是我也明白夏山学校对这类事件的看法和大多数学校相去甚远。

　　学校的全体会议每周要召开 3 次，我们经常要在会上处理这类后果相对来说并不严重的欺负同学的事件，所以在这方面我们还是很有经验的。尽管我冠以"不严重"，但这些事情对于被欺负的孩子来说当然

图19 夏山学校的学生投票表决

是非常重要的，所以我们在处理时总是很尊重当事人的。有时候有些孩子好像会自找麻烦，就好像他们不惜一切代价去引起别人的注意，即使引起人们注意的并不是些什么好事，不用特别费心地去分析这种行为背后的心理。我们希望他们在自治会对这类事件的处理上学到的是：如果你的行为总是在挑衅别人，那么别人一定会反击回来欺负你——即使我们说没有任何理由能为欺负任何人开脱，但学会尽量避免引起这类事件的发生是有好处的。

自治会很少有处理不了的事情，大家对自治会的判罚也总能心悦诚服地接受。这些年来自治会处理过很多或是非常有趣或是非常极端的事件。这些事情就不需要详述了。但是有些类型的事件的处理是非常严肃的，比如人身安全、那些真正的欺负弱小事件、对于公物毁灭性的破坏，这类事件都会得到非常慎重的处理。

还有一个证明夏山学校讲求实际的事例发生在两年前，我和我的儿子亨利去美国参加一个会议，我们在那儿遇到了一个夏山的毕业生，这个会议也有很多孩子会参加，所以他正在帮忙组织大家一起做一个名叫"杀人"的游戏。这个游戏风靡整个学校，人数不限，也没有场地要求，所以是一个玩起来非常简单的游戏。整个游戏里有两个人扮作杀手，他们的任务是在被扮演私人侦探的人还没找到前，将尽可能多的人杀死。如果你的后脚跟被杀手踢了一下就意味着你被杀手杀死了。

在会上很多人对于这个游戏中杀手和杀人这些词大惊小怪，但很明显孩子们根本不介意——所以人们最后决定把那些带有杀戮含义的称呼改成一些更容易被人们接受的字眼，杀手好像是该叫成魔法师之类的。

亨利，这名夏山原来的学生和我都觉得这非常可笑，真有些矫枉过正了。从这件事我们能很好地看出成年人是怎样把自己的价值观强加在孩子身上的。在夏山学校我们的学生成天玩枪战游戏，我们还有一个与杀人游戏类似的游戏叫"残酷之战"，大家都很喜欢这个游戏。

夏山学校不倡导任何宗教信仰。你可以说这里的大多数教师和学生不遵守任何教规。我们有来自那些常常去做礼拜的家庭的孩子，但是不多。通常要那些有宗教信仰的孩子适应夏山简单而务实的各种做法有些困难。我们很少谈论什么是"好人"和"坏人"，我们对学生的要求是他们要对自己的行为负责。这个要求不免和世间那个指导并控制万物的无所不能的上帝有些格格不入。

除了家长有特别的要求，这里的孩子一般都不去教堂做礼拜。偶尔我们会遇到个别孩子要求我们周日带他们去教堂做礼拜——但要不了几个星期他们就不再去了。一个主要的问题就是夏山学校的文化和价值观与基督教的传统观念以及上帝不太吻合。我们的价值观非常成熟稳定，她可以根据新加入的成员作出调整从而得到新的发展，但这些调整一定是建立在常理上的，而且成为学校文化的一部分代代相传。

这些年来，我们也曾接待了一些开明的基督徒，他们在参观过夏山学校后认为基督教的精神在这里得到了真正的体现。很久以前的一次电视采访中，著名的作家、记者兼电视节目主持人马尔科姆·马格里奇

(Malcolm Muggeridge) 采访老尼尔，临近尾声的时候用这样一句话作为结束语，"尼尔先生，你是一名真正的基督徒。"

当时围坐在学校里唯一一台电视机前的我们都很生气，大家发出嘘声，有的喝了倒彩，因为节目没有给尼尔时间来反驳他。尼尔的言行可能非常符合基督徒的标准，但是他本人对任何一种宗教信仰都持批评态度，把他称为一个基督徒是很不恰当的。

不同寻常的课程安排

夏山学校的经济状况一直颇为紧张，这主要是因为要送孩子来夏山学校学习的家长不一定要为孩子准备私人教育基金。为了让更多人能负担得起夏山的教育，学校的收费这些年来都保持在一个较低的水平上，即便如此，我们还是未能收回很多欠款。以前老尼尔常常为这件事烦恼，他总是觉得付清钱款是一件非常理所当然的事，他不明白为什么会有人拖欠钱款。

我的母亲是学校的办公室主任并兼管学校日常事务。她非常勤劳，每天早上6点起床，晚上当她终于躺下来在电视机前时，几乎已经睡着了。

母亲与她的前夫所生的儿子彼得在1939年来到夏山学校上学，也就是在这个时候她结识了尼尔，于是她加入了夏山这个大家庭，并担任厨师和宿舍管理员。莉丝夫人去世后，她嫁给了尼尔先生。埃娜的性格非常坚强，很多人都很怕她，对于她的指令一定贯彻执行。对于我来说，她是个忠诚而慈爱的母亲。小时候尼尔教育孩子的方式真是让我如鱼得水，好不自在，但母亲却会不时地扮演一个较为严厉的家长的角色。事实上，她绝对不失温柔的一面，在合适的场合下她会显露出她宽厚的胸怀。1973年父亲死后，她继续掌管夏山学校，直到1985年我开始担任校长一职。1997年的11月她离开了我们，此前她一直积极参与学校的各项事务，直到她过世那年的前一年才开始休息。我们两个人对于如何管理学校这方面的意见可以说是大相径庭。当我开始担任校长、而她面临退休的那段时间让她非常不好过。我觉得非常遗憾，当时她对于我的新角色并不支持，我觉得她应该为我担任校长感到自豪而不是横加指责。这一切帮助我认识到今后我们的孩子开始掌管夏山时可能会遇到的问题——我希望我能郑重其事地把工作交给他们，并且为他们感到自豪，就像我现在为他们所做的每件事而自豪一样。

然而，要是没有埃娜的铁腕力量夏山学校就不可能有今天。既然父亲是一个以随和著称的校长，就不得不有人站出来唱白脸。人们对可怜的埃娜恶言相向，有些人觉得尼尔才是一校之长，他们对埃娜的态度很不友善，而且不理解尼尔怎么会娶她为妻。她经常提起这些，显然人们对她和她在夏山无可替代的职责的蔑视让她觉得受到了莫大的伤害。在学校里她还要扮演孩子们的"母亲"的角色，有很多孩子都和自己的母亲有着这样或那样的矛盾，可想而知，埃娜成了她们发泄不满和

图20　男孩们在树林中

愤怒的对象。尼尔说尽管很多孩子都惧怕他们的父亲（这在当时十分普遍），但他们从不会生他的气，所以他往往能幸免于难。

记得是 12 年前的某一天，一个夏山的老员工在去学校看望埃娜前顺道来拜访我（我住的地方离学校大概 1 公里远）。她临走时问我是否要同去学校。我回答说我也要去的时候她长舒了一口气，告诉我她一直很怕埃娜，我能陪她一起去真是太好了。我还记得当时我觉得这一切实在是太古怪了，要知道我眼前的女士是个成年人，我还是个婴儿的时候她就在夏山工作了，可是她现在居然还是怕我妈妈。

夏山学校的学生来自不同的家庭，有着不同的文化背景。有些家庭非常富裕，而有的家庭为了凑出学费不得不费一番大力气。尽管夏山的学费比起其他寄宿制学校来说是非常低的，但是如果之前没有充分的准备，要拿出这样一笔钱来也颇为费力。

直至今日夏山的学费比过去提高了许多。现在一所学校的开支比尼尔那个时代要多得多。教职人员的薪水就是其中最大的一项开支。我和托尼 1985 年开始接管学校的时候，教职人员的薪水就是一年 700 英镑，而当时的学费才一学期 700 英镑。

我的先生托尼，是夏山真正的支柱。他负责管理学校经营方面的事务，例如财务管理，修建教学楼，装修教室、宿舍等。他在理财方面非常有天赋，由衷地热爱夏山学校并且表现出色——除此以外他还要全天身兼务农的工作。我还记得学校的一位清扫女工告诉过我，要是她一共只剩下 10 英镑，她会把这些钱交给托尼管理，因为要是世界上有哪个人能用这些钱来赚更多的钱，那个人一定是他。

自从我们开始管理夏山学校以来，就尽可能在财力允许的范围内做到最好。在尼尔管理学校的时候，这所学校就一直在修修补补。等到了 1985 年我们接管学校的时候，所有的东西都好像已经物尽其用，寿终正寝了！这有点儿像给福斯桥刷油漆一样——你从头开始，等到你把桥梁全部刷过一遍快要完成的时候却发现前面的地方已经开始退色，差不多是时候再重新做一次了！

最常见的就是有些地方或者大楼需要翻新，或者有些大楼要改作其他用处需要翻修，还要购买教学设备（比如购买电脑和新的音响录音设备、器材）。那时我们正在翻修小剧院。为了庆祝这个剧院的重生，我们重新铺砌了屋顶，还完全重新装修了内部，小剧院看上去很漂亮——当然这些都是很费钱的，我们不得不在其他地方勒紧裤腰带。

我们为学校发起了一个基金会。学校本身不应该成为一个慈善机构，这是尼尔一直非常坚持的一点，他不希望学校将来会受到财产托管人的摆布，所以这个基金会的名字叫"A. S. 尼尔夏山信托基金会"。它的首要任务就是为学校的奖学金筹款，这样能使更多有着不同家庭背景的学生来到夏山学校学习。奖学金还能帮助学校结束对一些家庭非正式的特别补助。这个基金会还能放款给学校其他需要花钱的地方。

如果你只是单看学费：除了很小的孩子以外，大约一个学生是9500英镑一个学年，可能会觉得学校在财务方面一定很富裕。但事实是尽管我们不正式提供任何在学费方面的补助，有很大一部分学生的缴费是很灵活的。在上一次统计时我们发现有相当一部分学生没有全额缴纳学费。当一个孩子来到夏山，他成为了这个大家庭的一分子，如果他的经济出了问题，我们当然希望能在力所能及的范围内给予帮助。

当初设立这样一个信托基金还有另一个目的，就是希望能借此让更多的人知道、了解尼尔的工作和夏山学校，我们一直努力确保夏山学校有一个美好的未来。目前一切都进行得很顺利。但是根据教学大纲的需求，学校需要提供更多的东西。目前仍然有些诸如音乐或者戏剧方面的活动需要家长们支付额外的费用，这样的话，一些孩子尤其是家境并不富裕的孩子就没有办法参加这些活动了。

除了学校在基础设施方面的花费外，我们还要帮助其他的学校学习使用夏山的教学方法。现在人们对学生参与校园管理越来越感兴趣，他们的到来同样占用了学校的资源。每年我们单单为了回复各种邮件、制作介绍资料、维护学校网站等就要花费大量的时间和费用。看到学生中途离开夏山学校是一件让人非常难过的事情。我们有过一些由于经济原因而不得不离开夏山的学生，这让他们非常伤心。

夏山学校在过去的几年里越来越规范，课程安排便是其中之一。

在 2000 年，我们适当调整了学校里两位老师的职责，使他们能兼任课程监督员。这样做主要是为了监督与协助教师工作，同时便于了解课堂教学现状。这样做的目的绝非是为了对教师们的教学方法指手画脚或去限定他们的发展方向，而是为了给教师提供帮助，因为对于大多数在主流学校工作过的教师来说，在夏山教课实非易事。当你面对的学生有了自由选择是否去上课的权力时，你该如何面对这种突然的变化，如何处理诸如课程安排和学习进度等问题呢？

图 21　学期中的徒步冒险活动

每一个到夏山工作的教师都必须面对学生有权缺席的问题。我认为这是件好事。这会促使他们去思考我应该教些什么、怎样去教。在夏山要做一个有经验的教师，你必须掌握一些与一般有经验的教师的理解相悖的东西。他们在原来那个比较强制性的系统里可能还是相对开明的一群，到了夏山他们却突然发现自己成了"那个严厉的老师"。夏山学校要求你重新审视自己的行为。

大多数老师都能找到各自的解决方法。首先他们要学会面对因为学生不来上课而产生的不安全感。遇到学生缺席的情况，教师很容易觉得是因为他们自己有什么不对或者学生不喜欢他们。但是他们必须克服这些焦虑并且认识到学生们会因为各种各样的原因而不来上课——可能因为外面的太阳太毒了，可能因为自行车坏了需要修，可能树林里的秘密小屋在召唤他们——他们很少因为不喜欢某个老师而不去上他的课。他们还必须让自己明白学校不会根据学生的出勤率来评判他们的教学工作。这些都是和其他学校非常不一样的地方。当然如果你的课没有一个学生来听的话，你必须要想想"是不是有什么不对的地方？"出勤率和授课的好坏没有必然联系，即便所有的学生都来听课也不一定意味着你工作得非常好。同样的，班上有多少学生参加了考试或他们考试拿了多少分都不会成为评价教师工作的标准。

显而易见的是在夏山学校我们不以成败论英雄。学校里曾有一个德国女孩在13岁的时候就考取了普通中学数学教育证书，当时大家只是略感意外，但这并非学校里的大事。

有时候新来的教师会用错误的方式来处理问题，比如他们会用一种并不赞同的口吻去问孩子们为什么没有来上课或者给他们施加压力。当然如果老师的话让学生觉得无法接受的话，那么该学生完全有理由在学校全体会议上提出这个问题。曾经就有一位教师因为在课堂上的专制而被罚干了半个小时的体力活：给操场上的室外象棋盘草地锄草。事后他说这是件好事，因为这件事促使他开始认真地思考自己在学校里扮演的角色。

我记得曾经有个男孩子告诉我他觉得某个艺术课的老师很讨厌，

图22　杰森老师的英语课

他不喜欢这个老师，但他确实是一个好老师，所以他从来没有缺席过他的课。这是一个比较常见的孩子不喜欢某个老师后的反应的例子。

　　总的说来，夏山学校老师的教学方法是非常传统的。在课堂学习这方面，夏山学校的学生似乎习惯墨守成规。他们喜欢坐在下面听老师授课。有时候会有一些老师想尝试一下一些现代的教学方法，但通常学生的反应是觉得这样的方式很傻，他们希望老师能用"正常"的方法来上课。既然学生到课堂上就是来学习的，就不需要花心思去裹上一层糖衣让学习看上去似乎更合他们的胃口。

　　目前夏山正式教授的课程有：英语，数学，自然学科，地理，历史，木工，艺术，作为一门外语教授的英语、中文、德语、日语、西班牙语，音乐（包括钢琴、鼓、吉他、唱歌、长号、小号、电子音乐、音响技术），舞蹈（包括搓牒技巧和街舞），戏剧和烹饪。

当然夏山的课程远不是一张课程表能列出来的。

夏山学校的老师也享有很大的自由度。我们相信没有成人那么多的干预，孩子也能茁壮成长，同时我们对学校的教师也非常信任。很多学校有各自的手段来制约雇用的教师以确保一切都沿着正常的轨道发展，我们不这样做。一旦老师们适应了这里，他们在安排课堂内容方面有很大的自由度，可以尝试很多新鲜事物。比如二班的老师雷莱昂纳多·特顿在班上上过一堂魔术课，因为孩子们想学这个。另一个老师也在学生的要求下专门上过几堂介绍大象的课。我们以前还有一个对民主制度和公民权利非常感兴趣的自然科学老师，他组建了一个"外部事务"委员会并经常到校外做讲座。他参加各种关于教育和学生权利的会议，最后他离开了学校，开始在这些自己感兴趣的方面发展自己的事业。夏山学校给了他实践的自由，而在一些课程安排较为严格的学校是没法做到这一点的。

我曾问过一位在夏山担任多年英语教师的杰森·帕里特关于在这儿任教的心得：

> 在这儿教书最重要的一点就是要相信孩子们，让他们自己做主，管理自己的学习。我刚到这儿的时候非常不适应这一点。对于一名教师来说，每看到一个在读写方面有严重问题的人，他都会迫不及待地想开始他的工作。但是夏山的做法会保证学生不会受到因教师们的焦虑而造成的负面影响，同时也会帮助教师们尽可能少地为自己是否是一个成功的老师而觉得紧张。学校的宗旨是一旦孩子们准备好了，他们自然会开始学习的。在走进课堂之前他们可能确实有很多其他的要紧事要做。在他们想要认真开始对待学业之前，他们可能会先来试探性地上几次课。他们不需要强迫自己心猿意马地坐在教室里，几个月下来不但一无所获并且还丧失了信心。
>
> 每个学期都会有新的学生报名上课走进教室，对于教师

们来说这意味着他们备课时也要考虑到为那些中途重拾课本的孩子提供学习机会。因此，课程要设置多重起点。这对于某些学科会比较费力。比如，学习一门外语的时候有规律的操练是必要的，而科学课抑或写作课的学习方法较为系统，这就要求学习持之以恒。报名上课的方式让一个主流学校教学中常见的现象暴露出来。在主流学校，就算你在课上讲到了所有的知识点，并不意味着学生都学会了。多少学生上了无数堂法语课，可到高中毕业的时候还是只会说几个法语单词？在课上有些学生学到了知识，而有些确实没有。在夏山学校如果你真的想学西班牙语你就可以去多上几堂西班牙语课，要是你不感兴趣你就可以少上几次——甚至不去也可以。等到学期结束，班上的情况和一般主流学校的情况相差无几。

教学大纲的编写者喜欢把所有的重点都覆盖到尽可能地应有尽有。我在原来的学校任教的时候就发现教科书的编写者是如此的富于想象力，他能找到那么多需要学习的知识点，其中有些我甚至从来没有想到过。这对孩子们是必不可少的吗？我不这么认为。在夏山学校，老师们不会把教科书奉若神明，他们经常和学生一起讨论书上哪些部分是对孩子们有用的，而哪些没什么用。这个技能在哪里都是非常有用的。莱昂纳多·特顿（二班的老师）告诉我们他原来在加拿大任教的时候曾经把教科书的某些章节撕掉，以此来告诉学生他们不需要把书上所有的东西都记住。这些作者不明的书在孩子们看来可能非常权威，但它们可能只是一个学者为了赚钱而在一个潮湿而闷热的下午拼凑起来的。

通常人们在高度集中精力的活动中学习得最多。他们用一段时间专心致志地写作、完成一个项目、制作出某些木制工艺品、学会使用新的电脑软件或者一个游戏。当完成了这些事情，他们会开始做别的事。夏山学校有足够的弹性来满足学生这样的需求。这儿的教师们做的事情都是有目的的，比如安排课桌椅的摆放使学生能感到自在，比如在学生觉得自己已经学够了、想休息一段时间的情况下不去干涉或者指责他们。

我们学校有两个低年级班：一班和二班。和其他学校一样，他们有自己的老师并从老师那里学习各科知识，很多老师会提供额外的帮助。从结构上来看这两个班级和其他的小学没有什么区别——但是这两个班级的学生如果不想上课他们就可以不去，这是最大的不同之处。老师和学生的关系更为轻松和开诚布公。而且这两个班的学生可以自由进出图书馆、电脑房和活动室。

从另一方面看，在夏山学校教书不得不接受很多在原先的学校遇到问题的学生。他们可能是在学习上有困难，比如诵读困难症，或者是行为举止上的问题，比如患有注意力缺损多动障碍。夏山学校能给这些孩子们带来实际上的帮助，不仅因为我们的民主体制给了他们自我管理的权利，也同时因为我们对教科书的态度。在这儿最主要的还是等孩子自己作好学习的准备。

夏山学校的做法与其他学校做法的区别是显而易见的。在主流学校里任何的不同都会被视作是一种需要正确诊断、治疗的疾病，在治疗的过程中还要不断地随访以确定治疗是否有效。每一个环节都令人感到焦虑。老师们感到焦虑是因为他们的工作表现是根据学生的成绩来评定；政客们感到焦虑是因为他们需要进步来确保他们的钱没有白花；学校的领导层感到焦虑是因为他们要确保学校的排名能提高；家长们感到焦虑是因为他们要求自己的孩子尽可能地做到最好。所以即使是那些所谓成功的学生在这样的环境下也不免产生挫折感。关于这点杰森·帕里特说：

有经验的夏山教师习惯了与学生处于平等的位置，他们不会这样对待学生。要把其中的原因写下来很难，因为这似乎是再自然不过的事情了。我不得不断地想起在其他学校发生的那些傻事情，以此来提醒自己这些事并不像看上去那么自然。比如我花时间帮基尔邓、马克斯和阿尔菲写剧本，给明治念故事书，为什么？因为他们想这样。可能这最终会对他们的功课有帮助，比如提高他们的阅读或写作能力，但这并不是我去做这些事的原因。因为这可能到最后并没能让他们的功课有所进步，但这么做显然是对的。因为我和他们交流他们想做的事情并且倾听他们说话。在夏山学校你不会因为要做自己认为正确的事情而感到不对劲。我在学生和学校两方面都得到充分的信任去做自己认为正确的事情。如果我想朝某个方向前进并且觉得学生们已经做好了准备，我会这么去做。我不用去为每件事情作计划，也不会为作业和分数束缚。

至于那些有"特殊情况"的学生，我们不会像一般的学校那样去看待这些情况。当然我们会对他们的情况做些记录并作出相应的调整，但是此后他们很少会被单独提及。我们会接收一些患有注意力缺损多动障碍和相关行为问题，比如诵读困难症之类疾病的学生。基本上我们对他们一视同仁。过了一段时间以后，人们经常无法辨认出哪些是曾经的"特殊"学生了，他们融入了集体，各方面也都很正常——有时候可能会有些不同，但是夏山学校能欣然接受这些小小的不同。我们学校还曾有过一些有轻度生理缺陷或感官受损的学生，他们在学校和大家相处得甚至可以说非常融洽。那些有学习困难的学生会得到额外的帮助，但是帮助他们的方式和一般学校提供"特别"帮助的方式有很大的不同。

等学生再大一点，他们就要开始报名上课了，当然他们有自由选择想上的课程。在每个学期伊始的第一次全体会议上制定课程表，每个人包括师生都有权参与课程安排。因为如果单让老师来排课的话，他们可能会排出一些让学生觉得都想选，但时间却相互冲突的课。这种师生共同排课的做法，在夏山被认为是理所当然的，而在其他学校可能是闻所未闻。在这儿，开学的头几天你常常能听到这样的抱怨，"杰森，你真可恶，又有两堂课时间冲突啦"，"你自己考虑一下到底想上哪堂课，然后把你的决定告诉我。"夏山的老师会这样回答，这在其他学校是不可想象的。

给学生选课的自由也是夏山长久以来极具争议的地方，同时也是让孩子们爱上夏山的原因之一。这儿没有人约束你，没有额外的任务，没有劝说或口头鼓励——你完全可以自由选择是否要去上课。但对于评价孩子们的学业水平和将来的意愿，我们一直是保持着一种诚实而客观的态度的。在下面这段发生在一个英语老师和他的学生之间关于高级英语证书考试（First Certificate in English）的对话中，你能看出我们所指的诚实是什么。

> 简：爸爸觉得我在夏山毕业之前应该参加这个考试。
>
> **杰森**：你是怎么想的？
>
> 简：我觉得自己可能没法通过这个考试，但是我爸爸想让我考。
>
> **杰森**：你可以参加初级英语考试（Preliminary English Test），这个考试你一定能通过。不过它的含金量没有高级英语证书考试高。实际上很多大学都认可高级英语考试证书，而初级英语考试的证书却不太有用。不过这只是一个考试，你参加这个考试，能让你爸爸高兴。
>
> 简：嗯……你觉得我能通过高级英语证书考试吗？
>
> **杰森**：我觉得你很聪明，而且擅长语言学习。要通过考试还有很多功课要做，而且接下来马上就有一个五星期的长假了。如果你要参加高级英语证书考试的话，你要准备好在接下来的假期里循序渐进地学习、备考，而不是拖到最后才开始准备。如果你决定了要参加考试那你就要为自己好好努力。不然的话，你可以参加初级英语考试，在夏山学校好好享受最后一个学期的校园生活，做你想做的事情。你要作出决定，你到底想要什么。

真实的对话当然要比这个版本更长一些，在这里想要指出的是我们会让简自己决定她想要怎样做。

我们会尽可能地让学生不受外界的干扰。我们会确保家长不会要求他们的孩子上课。当然有时候这样的事情不免会发生，我们会和家长沟通，让他们把决定权交给孩子，但是我们没有办法完全杜绝来自家庭的细微的影响。我们同样也要信任家长，相信他们会花时间了解夏山学校，会认同和遵循夏山的办学理念。

当然我们理解即便是最通情达理的家长在看到孩子不愿去上课时不免会担心——但是我们会根据我们的经验给出支持和建议。

几年前，我们学校有个叫莱里克斯的 15 岁的男孩儿。他在 12 岁的时候才来到夏山，然后有几年的时间没有去上课——这在新来的学生中非常普遍，尤其是处在他这个年龄的孩子——然后他突然开始准备参加普通中等教育证书考试。他显然觉得功课很难，也并不真心想参加这个考试。他的压力来自他的父亲，这位父亲并不真正支持夏山学校的理念。

不管怎样，有一天他告诉我他决定不去参加这个考试了，他要摆脱这一切开始专注于夏山的校园生活而不是埋头备考。这个男孩非常适应学校里的一切，简直是如鱼得水。他参加了外部事务委员会，走出校园和其他学校的各种组织谈论夏山学校，甚至游说英国教育标准办公室和国会议员。他对夏山给予的自由和作为一个公民所拥有的权利有充分的认识。他说尽管他的父亲希望他参加考试，但是这个理由没有充分到让他愿意这样去做。

我百分之百支持他的决定。他能作出这样的决定非常勇敢，我觉得在这样的年龄能这么做非常正确，这体现了他认识到作为一个人所拥有的权利。

他离开学校的时候没有参加任何考试，就像我当年一样，去了一家大型连锁超市做货架整理员。你可能要说他非常失败，因为他没参加任何考试——当然不是这样的，他做到了很多很多成年人都没有办法做到的事情——他把握了自己的人生，在了解事实和思考以后。他很乐意先通过一份无聊的工作赚一些钱，然后想清楚自己到底要什么。他是一个非常聪明的孩子，既有工作热情又具备相当的工作能力。我为他感到骄傲，这是一个很好的例子，告诉大家夏山学校教会了学生什么。

我们学校的很多学生通常都会先参加普通中等教育证书考试进入某个学院继续深造，然后再参加高级水平考试最后进入大学。我们这儿不提供高级水平考试，因为没有相应的资源。在其他学校，当学生准备参加普通中等教育证书考试的时候，学习以外的生活似乎都停止了。学校和家里的一切都铆足了劲帮他们备考，有时候甚至在他们刚刚开始中学学习的时候，家长和老师就开始告诉他们如果他们现在不好好学习的话，将来在普通中等教育证书考试上就拿不到好成绩。甚至连布置给6岁大的孩子的家庭作业都是为了帮助他们通过考试的。

在夏山学校，当你到了要参加这些考试的年龄时，你也要同时参加学校的管理了。学校需要这些年长的孩子的协助使校园事务有条不紊，所以他们不得不在管理的同时兼顾学业。

我们的学生，一个叫保罗的德国男孩在毕业几年后和我见过一次面，他跟我聊起他的考试经历。他告诉我当时他先是弄清楚了为了进那所位于诺里奇（Norwich）的学院他需要通过多少场考试（答案是三场），所以他为这些考试开始复习然后参加了考试。他很高兴自己没有在那些永远用不着的东西上浪费时间，甚至还能有空暇参与夏山学校的生活。随后他继续学习参加了高级水平考试并进入了萨塞克斯大学，这些都是他本人的意愿。在我看来这是对考试最好的解释——它代表了某个阶段告一段落。

让我非常诧异的是很多造访我们学校的孩子（还有大人）都认为没有通过考试的话，根本将无法应对生活，成为一个生活失败者。这是一场由教育系统执导的在全世界各地上演的谎言。在夏山学校我们一次又一次地证明了考试不过就是场考试，它没有任何魔力。当然如果你要从事某个较为专业的工种或者行业，你需要通过某些考试，不过除此以外，考试还有什么其他意义呢？你能从考试成绩中了解到一个人的记忆能力和学习技巧，但是像其他重要的东西比如创造力、合作精神、是否有进取心，这些你都没法从考试成绩中了解到。

我们的多数学生在毕业后会继续深造。他们会参加各种各样的考试。人们通常很好奇夏山学校的学生到了其他学校以后会怎么应对学习问题，要知道他们在夏山是如此的自由。我得到的反馈是：他们很顺利，没有遇到什么问题。学校的环境固然不同，但是他们觉得仅仅只是学习的话还是比较容易应付的。事实上，我最常听到的抱怨是他们觉得班上的同学老是瞎胡闹，让他们没有办法好好学习。大多数年轻人在离开中学以后发现他们在大学里享有了前所未有的自由，所以他们常常要做一些长久以来一直想做却不能做的事。但是夏山的学生可能在高龄班（11—13岁）就觉得自己已经胡闹够了。从这点上来说，在大学里他们会觉得其他同学显得有些幼稚。

最近我们的日本学生吉米请我和托尼去参加他在莱斯特大学（Leicester University）的毕业典礼，他就读的是数学系。我们就如同他的父母一样骄傲，同他来自东京的母亲一起出席了毕业典礼。我问吉米他在夏山的时候是否也花那么多工夫学习数学。他告诉我在夏山学校的4年里，他没上过一堂数学课！

我们的学生在接受正规教育后的择业面很宽。很多人都会选择有一定自由度的工作。我们的毕业生中有艺术家、医生、律师、教师、大学教授、木匠、科学家、音乐家、主厨、演员、园艺师、农民、记者、电影制作人、技师、摄影师、舞蹈家、程序员、作家、插图画家以及看护。我们还有很多非常成功的企业家——这可能得益于他们在学校里培养起来的创造力和与人交往的能力。

在夏山学校，我们有各种各样的学生组织。

不端行为纠察员，只有他们才能在没有向学校全体会议上报的情况下对违反纪律的人进行惩处。他们可以要求你到队伍的末尾排队领午饭，罚你劳动或者是支付罚金，或者只是罚你一天不许看电视。

社交委员会负责组织安排夜间的活动，尤其是在冬季。侦察委员会负责调查偷窃案件和追回遗失物品。自行车协会负责看管车棚和维修工具。只有加入了古拉姆协会才能在古拉姆之夜演奏音乐。调查协会是经由选举选出的调停人，他们负责帮助大家解决各种纷争并给出建议。他们同时还被学校全体会议赋予了没收危险物品和禁止去某些区域（时效是到下次学校全体会议前）的权力。

所有这些组织的成员都是投票产生的，每个人都有投票权。我本人很愿意在学期伊始的时候参加其中之一的选举，这样的活动给你一个认识大家、和大家打招呼的机会。

在每一学年中，我们经常临时成立专项委员会，来为一些聚会和事情筹款。这些临时专项委员会中最重要的恐怕就数期末图画展与派对委员会。派对委员会负责为期末聚会筹款；画展委员会负责在期末结束前一周的时候装饰好休息室，除了他们没有人会事先知道这次的装饰主题是什么。最常见的装饰品就是一些巨型图画，有时还有一些超大型且极富设计创意的装饰品。

每个学期末总是一个令人感伤的时刻。在我的孩子们还小的时候，每次学期末他们都要掉眼泪，我自己小的时候也是这样的。母亲问我哪里不对劲我也说不上来——我就是很难过。我的小儿子小亨利有一次对我说，"我也不知道为什么会哭，只不过是一个学期结束了。"这恐怕已经概括得很好了。这是一个章节的结束，是时候开始迈出下一步了。虽然每个人都很期盼能回家同家人相聚，但要跟一个学期挥手说再见时还是不免有些感伤。

当然最令人难过的还是每年暑假许多学生要从学校毕业，开始他们新生活的时候。无论人们对夏山学校作过多少研究、多少人来参观过学校，多少故事被报道，都无法用言语来写尽夏山学校和她的学生之间的情感，这样的情感对在校生和毕业生都是一样的。

要试着去解释这样的情感都让我不免有些担心，因为这看上去有些像"偶像崇拜"，但在夏山没有任何不理智的崇拜。我不会去审察是什么使得这所学校对所有来到这里的人产生了那么大的影响。但这一定与学校本身开放、诚实的校风不无关系，这样的生活触及了人们深藏在心中的未知自我。即便是那些硬心肠的怀疑论者在别离时刻来临之际心中都不免有所动摇，感到一丝伤感。很多老夏山人都说即便在离开夏山多年之后他们仍然会梦到这里，而这样的梦较之其他的梦往往更加真切，充满强烈的情感。我自己当然也有相同的经历。

什么时候从夏山毕业是由个人自己决定的。这不仅是离开学校而更像是雏鸟离巢——你在飞上枝头前一定要确定自己有足够的自信并且准备充分。大多数学生选择在17岁离开学校，有些更早。我总是宁愿建议学生晚些离开学校而不是早离开，因为我本人见到过很多孩子在多待的那一年里受益匪浅，很多早离开的孩子对这个决定后悔不迭。有些学生决定多待一年等到18岁再毕业——这是一个相当好的时候，这一年是学生时代的圆满句点，你会觉得已经物尽其用——这有点像进入大学前暂时休学，游历各地、积累经验的那一年。

我们的一个叫阿历克斯（Alex）的学生，决定在学校多待一年，他的家里人完全支持他的决定。由于他的很多老朋友都在当年毕业了，他在新的一年里交了很多新朋友，在树林里造了一个非常漂亮的树屋。你能发现这一年里他非常快乐，他比原先更频繁地参与集体活动，开始扮演起学校里"长者"角色并且甘之如饴。他早就参加了9门普通中学教育证书考试，很愿意告别书本知识一段时间。

另外一个叫洋子的女孩在参加完考试后也在学校多待了一年来学习德语，因为现在她有时间了，而且她本人一直想学德语！

夏山学校并不只是教人们一些应试技巧，所以对于学生来说走完一个完整的经历非常重要，最终他们应该能意识到他人的尊重和肩上的责任。我经常和年纪大些的学生讲述这个看法。我认为他们应该思考一下夏山的这段经历对于他们意味着什么，并且自己弄清楚考试的意义在哪里，为什么要在学校的集体生活中担当一个令人敬佩的角色。

学期最后的临别时刻令人伤感。这些学生们不仅仅是朋友，他们共同生活了八九年，他们是彼此的兄弟姐妹。我们在期末舞会的午夜时分一起唱着《友谊地久天长》，那些即将离去的学生被围在中间。大家排队与他们拥抱道别，脸颊上挂着泪水。还不及大哥哥、大姐姐们腰高的小弟弟、小妹妹们安静地站在队伍里，等着轮到他们和大哥哥、大姐姐拥抱，这是多么动人的画面啊。

那些大孩子（16 岁以上）是我最喜欢的一群孩子。当然夏山学校每个年龄段的孩子都有他们各自的魅力——年龄最小的孩子们（6—10岁）属于丛林组，他们精力充沛，逗人喜爱。接下来的孩子分为农舍组（10—11 岁）与楼房组（11—13 岁），他们沉溺于发现夏山学校赋予他们的自由的喜悦中，可是他们常常在很多方面误用这些自由权！ 接着是棚屋组（13—14 岁）的孩子们刚刚开始培养对社会责任真实感受，但是总是不愿意去面对它，而等他们再长大些（14 岁以上），我们称之为马车组，他们就不得不学会面对自己的社会责任了。没有人会在背后代劳——他们必须自己处理，大多数人都能处理好这个问题——不同的是有的人开始变得积极、合群，而有的则比较沉默、注重个人隐私，但他们还是会关心集体中的其他成员，而且他们看上去也很棒。当一个人，不论是孩子还是成年人，当他们自我意识开始觉醒的时候你总是能从他们的外表上看出来，他们的姿态和自尊让他们看上去神采飞扬。

在夏山学校，另一件让我觉得很宝贵的事情是，各个年龄和性别的孩子都相处得非常融洽。在任何时候你都能看见各个年龄的男孩与女孩在一起玩耍、走路、打闹或者坐着聊天。在这里，大孩子们不需要费力去"照顾"小孩子们。真诚的友谊使我们觉得对所有人都应该如此。

在 20 世纪 70 年代的时候，这里的男孩子们习惯于留长发，一位到访的客人告诉我，她非常吃惊地发现要在这里分清男女生是一件如此困难的事情，因为我们的女孩子们自信满满，而男孩子们也是那么的温和、有礼貌。这是我最喜欢夏山的地方，而且这件事比人们通常认为的要棒得多。这儿的孩子们几乎都兼具男孩与女孩各自的优点。我们的男孩子们性格温和、缜密周到。当然他们的姿势和走路的样子还是像青少年期的男孩一样，说话比较大声、性子急还喜欢炫耀自己的力气大——但是他们有细腻的感情、善良温和，如果觉得难过也会在众人面前流下伤心泪。而我们的女孩子们坚强、自信，不至于像个男人，但也十分果断。她们和男孩子们旗鼓相当，但同时又是典型的青少年期的女孩。这些男孩、女孩们总是在一起，他们的友谊十分深厚，当然有时也有会有懵懵懂懂的爱情。我的儿子还在夏山学习的时候，每到周末，他会时不时地带回家一个男同学或是一个并非女朋友的女孩（我家离学校1公里远）。我常发现他们睡着在一张床上。我觉得他们能这样单纯地相处而不受同年龄其他孩子的奚落、嘲笑是一件非常好的事情。

然而有那么一段时间，夏山学校里种种美好的场景受到了很大的威胁。

三、走出困境

1999年的3月，就是在夏山学校历经英国教育标准办公室的审查的10年之后，我们又接到了教育与就业部要求对学校办学理念作出修正的函件。当时好像是工党政府刚执政的第二年，我那时任职夏山的校长，在接受了一次全面而且需要向上级汇报的审查后，我们收到了这份整改通知。

其实早在这次审查的收尾阶段，学校就笼罩着一层阴郁的气氛。我们知道这些督学对他们在这里的所见所闻并不满意，并且丝毫不加掩饰。当时我们就在想何至于要派8名督学来这个位于萨福克郡海滨，学生人数不超过60的小学校检查，其中一个还身居要职。而且他们从不掩饰自己对许多事物公然的敌意。

在这份报告公开发布前夕，学校告诫他们这份报告有可能会被国内外的媒体所广泛报道，而媒体造成的负面影响很可能会给报道中涉及的孩子们带来困扰和痛苦，所以请他们尽量体恤这一点。然而他们只是把最终定稿寄给我们并且拒绝做任何修改。在那份报告中有诸如"满嘴脏话"这样的字眼，他们指责我们的学生"误把游手好闲当做追求自由"。我们给首席督学克里斯·伍德黑德写信，希望他能对报告作出修改，他拒绝了我们的请求并声称他本人对此报告并无异议。

报告发布以后我收到了整改通知，其中有6条整改要求。如果未能贯彻执行这些要求，学校将被要求撤销办学资格。

消息一经发出，海内外的信件纷至沓来表示声援我们。一位来自斯特拉思克莱德的资深讲师斯图特·艾思沃斯（Stuare Ainsworth）与我取得联系并告诉我，遵照欧洲相关法律，政府威胁将撤销夏山办学资格的做法是违法的。他的信息和支持让我们鼓起勇气决定依靠法律途径来解决这个问题。一位伦敦的朋友为我们介绍了一个处理高曝光率官司非常有经验的大律师马克·史蒂芬斯（Mark Stephens）。我们拜访了他，他同意为夏山向独立学校法庭提起上诉。

1999 年夏天，学校举办了一场名为"自由的孩子"的国际会议，与大家共同交流非传统学校对整个教育体系的意义和贡献。这次会议为大家发表声援夏山的联合声明提供了平台，同时也是一场名为"扔掉报告"活动开始的地方。这次活动由我们的自然科学老师迈克·纽曼发起，他曾在《泰晤士报教育副刊》（*Times Educational Supplement*，*TES*）上的一篇文章上看到，克里斯·伍德黑德说如果夏山学校的校领导对教育标准办公室的报告有所不满，大可以把报告丢进垃圾桶。迈克找到了这篇文章的大标题，在全国范围内发起了这个"扔掉"关于夏山学校报告的活动。大家拍下了在各种场景下的"扔掉"报告的照片。人们从各个国家寄来了照片，最远的那张来自澳大利亚。

这次会议以后伊恩·坎宁安（Jan Cunningham）教授率一支独立的专家团造访夏山学校，就整改通知报告提出的问题对学校再次进行评估。这次他们将对他们的所见所闻作出一个全面彻底的评估。

整个学校就好像一个舞台秀一样，因为我们的一举一动都有人在一旁观察。斯特罗纳克教授作为专家团中代表夏山这一方的证人带来了自己的工作小组，他们花费大量的时间观察研究当时教育标准办公室督学团看到的一切——得出的结论却有着巨大出入。

来自伦敦大学的阿兰·托马斯博士（Dr Alan Thomas）也作为我们的专家证人对学校进行观察评估。托马斯博士是家庭学校教育方面的专家。在经历过标准教育办公室的督学团后，这群人的到来让人如沐春风，因为他们不带任何偏见，对周围发生的一切真正地感兴趣。

本案于 2000 年 3 月 20 日在伦敦英国皇家法庭听审。在听审前的那个周日我们在学校里举行了一个露天篝火晚会，大家一起唱歌跳舞。我们化上盛装摆出各式各样的动作来给自己打气。我们随着皇后乐队

《我们是冠军》的歌声翩翩起舞，非常开心。在各种困扰和压力下能这样放松一下实在令人愉快。还有一些其他令人高兴的时刻——那年的期末委员会为大家做了一个飞镖盘，上面画上了这些孩子眼中的敌人：其中有克里斯·伍德海德、大卫·布朗奇以及教育大臣。

过去我从来没有因为害怕而发抖——可是那个星期一的早上我在皇家法庭外忍不住地战栗发抖。当我和托尼走出出租车时，所有夏山学校的师生还有一些家长都站在台阶上欢迎我们，那些拥抱和亲吻代表着他们对我们的支持。

法院显然没有料到我们会来那么多人！下午才开审我们的案子，旁听席因为需要打扫还没有开放。事情并不顺利，当我13岁大的儿子因为地方不够大，他和他的兄弟们无法入座而哭起来时，我再也忍不住了——我不记得当时我找到了谁来解决这个问题，但最后夏山的所有学生都能入席了。

他们坐在地板上、过道里、台阶上。当时的气氛就和召开夏山学校全体会议差不多——唯一不同的是每个人都**如此安静**。

知名人权律师杰弗里·罗伯特森（Geoffrey Robertson）代表夏山辩护。他的开庭陈词感人至深——所有的夏山师生无不为之动容。

在整个听审过程中，只有一位证人被要求出庭。这第一位也是唯一的一位证人名叫迈克·菲普斯（Michael Phipps），他是私立学校注册官，他出庭为教育与就业部作证，在头三天的庭审中迈克·菲普斯一直负隅顽抗。我们的官司在第四天达成了历史性的和解。

在审问的整个过程中有许多事情得以公之于众，其中包括夏山学校已经有9年的时间被列为"特别关注学校"了——这可以说是一份黑名单，但是校方和学生的家长对此一无所知。怪不得总有那么多的人到夏山学校来检查，可是在我们和教育与就业部的信件往来中他们总是一再保证对夏山学校绝对一视同仁。

长话短说，到了星期三的下午，政府向我们提出要求庭外和解。在迈克·纽曼、伊恩·沃德、学校的老师，还有斯特罗纳克教授和托马斯博士的帮助下我们拟议了一份对夏山有利的和解协议。这份协议在当晚就提交到教育部大臣处要求审批。周四早上，这份协议交还到夏山，上面只作了些轻微的改动，我们同意了。我们的法律顾问团告诉我们这是最好的解决方式，如果我们继续打官司，最好的结果就是整改通知被撤销——而且到时候法庭的判决协议条件就不会那么优惠。也就是说庭外和解的协议要比法庭判决对我们有利得多。

其实我们有一部分人非常希望能将这场官司继续打下去。要知道我们的证据十分有利，大家非常希望能将这些公之于众——但同时我们有一支非常专业的专家团给我们建议，不听从这些建议会是愚蠢的决定。

当陪审员都退席后，他们同意我们在四十号法庭里召开了一次夏山学校全体会议。这是动人的一幕，无论是对于夏山学校还是对于皇家法庭。那个星期的会议主席卡门，秘书长内森，副主席米沙都坐在陪审团的位置。我们投票表决是否让记者和那些督学参加这次会议。有些人不愿让那些督学参加会议，但是最后的投票结果允许他们加入会议。

杰弗里·罗伯特森宣读了协议条款，大家开始提问回答。内森直接问我觉得怎样——当时我很迷惑，对任何事情都还不确定。我想我当时说，这听上去是不错的选择。于是有人提议我们接受和解协议，这个提议被一致通过。这次的全体会议是皇家法庭上具有历史性意义的一刻。在此前，皇家法庭的民主决定从来没有一项是由一群孩子作出的——不仅如此，这一事件还被记录在案：

> 当律师在整理审理笔录时，有一份发表于 2000 年 3 月 23 日的附属意向声明，希望能召开一次夏山学校全体会议以便于对夏山学校下一步审理安排。这次会议被法院批准并于当天召开。

接下来的事情让人应接不暇。到处都是喧闹声，祝福声，法庭台阶前有若繁星般的闪光灯，电视访问，香槟酒和数不尽的拥抱、亲吻。当时我一时还缓不过劲来，觉得很迷惘，不确定我们实现了什么。过去的那些天里我紧张得要命——突然间一切在最高潮中结束了。我如释重负，因为不用再进一步提供什么证据。我知道我们提供的证据对学校的命运至关重要，但是我对这所学校深厚的感情让我觉得很难把这件事情做好。

数年后的今天，我们明白了当年的选择是正确的。我们的庭外和解协议确保了夏山学校在教育标准办公室的督察中是最受保护的学校，也为同类型的学校在今后的检察中确立了督察标准。如今英国教育标准办公室早就对他们的督察标准作出了相应的修改，说不定就是得益于夏山的案件。

听审结束后的几个月，我们收到了英国教育与就业部的信函，通知我们已经不在"特别关注学校"名单上，而且在1999年督学的检查中没有发现夏山学校有什么重大问题。

我们达成的协议时还要求政府对于我们的诉讼费给予一定的赔偿。然而和外界盛传的数目不同，他们仅承诺赔偿7千英镑。当时在法庭外政府同意了这一赔偿金额，但是后来他们又否认了，声称只能赔偿5千英镑。我们为这场官司花费了13万英镑，其中有9万英镑的花费是由夏山的支持者和那些好心人提供的。我们对那么多热心人的帮助感动不已。

这场官司结束后，大多数报纸和全国性的电视台都报道了这件事情——他们头版头条告诉人们：夏山胜诉了。可是在政府报道的版本中夏山学校同意作出一些让步和改变，所以整改通知就不再需要了。当然，这一切都不是真的；我们达成的绝对不是这样的协议，正相反——我们从国家教育与就业部得到的协议上说明了他们承认 A. S. 尼尔的办学理念，他们不会再以学生的出勤率来评判我们的教学质量，他们必须尊重我们的全体会议作出的种种决定，这些都是对夏山有利的条款。

BBC 四台广播节目曾做过一个有关政府是如何利用媒体引导舆论导向的节目，一位曾经担任这类职责的顾问谈到夏山事件时说，这是他见过的最过分的政府报道，尤其夏山还只是一个小小的私立学校。其后，《观察者》（Oobserver）也站在支持我们的立场上，连续几周报道了这个故事。这与 1993 年第四频道的影片播出后新闻媒体对我们的态度截然不同。

在开庭之前的准备阶段，夏山学校的家长们对学校都是百分之百的支持。他们为学校奋笔疾书、四处游说；他们的证词是如此感动人——其中有些证词甚至让独立专家团的专家们潸然泪下。学校的往届毕业生和员工也伸出援助之手，他们填写的各种调查问卷作为我们取证的一部分对本次案件非常有帮助。

所有的教职员工在 1997 年这次造成负面影响的检察之后，面临着似乎没有尽头的教职员工会议、新政策以及为督学们书写无数书面报告。夏山学校建校已经 77 年了，突然间我们要写出一份书面的学校政策声明，必须覆盖大大小小所有事宜！

那夏山的学生怎么样了呢？他们一如既往，表现得非常出色。他们是本次事件的闪亮之星。他们在报纸、电视、广播中公开发言。他们带领参观者、辩方律师、法官参观我们的学校。他们不断地写信到唐宁街 10 号，为我们的案子参加各种声援活动，同时也给我提供支持帮我走过了那段艰难岁月。那段时间，如果没有人给我一个拥抱，我恐怕连学校的走廊都无法独自走完，没有他们我们绝对不可能做到这些。

四、结局

这差不多就是到现在为止有关夏山所有的故事了。我在夏山的生活可以说是妙不可言。当然我有时候会被疲劳和身上的担子压得喘不过气来，但是能在这样一个神奇的地方工作，陪着它走过那么多起起落落是多么奇妙的事情。我觉得自己是个非常幸运的人。

我的丈夫托尼说尼尔和夏山学校改变了他的人生。尼尔让他认识了一个全新的世界，一个与自己成长环境完全不同的世界，这让他受益终生。他不仅融入了这个世界，并且开始按照夏山的方式来教育孩子们。而他为夏山的付出和所做的工作可谓是受滴水之恩，涌泉相报。

　　有一天我和女儿艾米聊起了她的孩子贾斯敏和乔书亚，他们现在都在夏山学习。艾米说如果没有她的祖父和他那关于教育疯狂的想法，真不知道我们会是怎样。她本能地使用夏山的方法来教育自己的孩子，就像我当初一样，她体会到了当母亲的乐趣。我相信因为她和她的丈夫大卫教育孩子的方法恰如其分、行之有效，所以避免了许多弯路，也省了很多烦心事。当然不可能没有任何矛盾，一路阳光普照——但是他们总能很好地处理这些问题，不会引起不必要的不快和争执——最好的证明就是他们的两个孩子生性活泼、精力充沛，但同时又细心周到、遇事沉着，而且举止得体。有一次他们到外面吃饭，一位老人家倾过身来对艾米称赞说，她的孩子真是举止文雅。这与那些对夏山评头论足的人所想的完全不同吧？

图23　夏山学校的学生们，2003

　　其实组织一个家庭是非常有趣的事，完全不用像很多家长想的那样麻烦。只要有足够的常识、幽默感，平等地对待孩子，同时又记住他们的世界和成年人的不同，那么你就不会遇到小孩子的乱发脾气和青少年的叛逆。你将每天生活在一个到处都是朋友的安谧环境中，而不是像我们平日里常见的争吵不断。

想到有那么多人看过尼尔写的书，从世界各地给我来信，我不免自觉渺小。他的许多书——不仅仅是那本在 20 世纪 60 年代所写的《夏山学校》——被译成了多种语言，时至今日依然如此。很多人说这些书不仅好看，并且实实在在的**改变了他们的人生**。

不需要我来揣测尼尔和他的夏山学校在当时和如今对教育界到底造成了多大的影响。夏山学校的教育哲学吸引了众多教育家。《泰晤士报教育副刊》不仅将尼尔评选为 20 世纪最具影响力的教育家之一，他们为迎接千禧之年的《站在巨人的肩膀上》（*On Giants's Shoulders*）的专辑中（*TES*，1999 年 12 月 31 日），尼尔也进入了 12 位最具影响力的教育家名单。

而我自己每天都生活在尼尔前瞻性思想的泽被下。

夏山学校于 1921 年建校，时至今日仍领先于这个时代——这足以证明老尼尔是一个多么伟大的人！

第四章 督察与公正
——皇家督学团与夏山学校

伊恩·斯特罗纳克

Ian Stronach

夏山意味着自由，否则哪怕少了些许自由，那它就不是夏山了。

——杰弗瑞·罗伯逊 （Geoffrey Robertson， QC ）

我对1999年那次皇家督学团前来督察的初次印象就是看见他们一行有8人，身着套装，带着记录本，两人一组，沿大路走来。

——某夏山学校教师

一、简介

本章讲述的是皇家督学团（HMI）试图关闭夏山学校的事情。❶这一事件始于该皇家督学团1999年对夏山学校的一次督察，以及之后发布的整改通知，上面列数了学校存在的所谓问题。如不加以改正，学校将面临被关闭，或者至少其久负盛名的自由将风光不再。夏山对此进行了上诉，2000年3月，伦敦的皇家法庭受理了此案，但政府仅三天后就要求庭外和解。夏山继而又对督察报告的质量进行申诉。教育标准办公室（OFSTED）大部分不予受理，后又被审判官驳回。毫无疑问，

1999—2000 年发生的事件中，夏山学校是赢家，但这绝非意味着此案的终结。2003 年相关法律条款的变动再一次将夏山的理念和做法置于风口浪尖。本章不仅证明了夏山学校教育的有理有据，还力陈了督察程序存在的缺陷。这也为现行的审察做法提供了案例分析，同时还深刻地指出了有些政府机构存在的渎职与不良风气，尤其是他们如何费尽心机确保其证据和理由符合政策要求。

在此之所以敢指责对皇家督学团抑或教育标准办公室于 1999 年对夏山学校的督察，是基于对事实的调查研究。本章陈述了证明学校当时状况的实证（下文称为纳菲尔德评估）❷，该评估是经过独立调查得出的（Cunning ham，1999）。❸此外，还谈到了这次案件审理中的证据与理由。之后，本章还探讨了教育标准办公室的督导主任大卫·泰勒先生试图为针对夏山学校的督察过程与裁决所进行的辩护。最后，文章又从"审察工作"的角度评判了教育标准办公室对待证据的态度和所作的争辩。

二、皇家督学团的证据基础

首先，1999 年教育标准办公室所作的首次督察质量如何？我们将从教育目标、证据以及评价三方面来对此作出解释。

（一）教育目标

教育标准办公室的相关文件（OFSTD，1995，1997a，2000）中非常清楚地记载道："对学校的评估要看它们是否很好地实现了自己提出的教育目标，以及这些目标是否适合于该学校的教育环境以及它所服务的学生。"

夏山的办学目标众所周知。《夏山学校简史》（*Brief History of Summerhill*）中是这样描述的：

●给予孩子们自由，让他们按照自己的意愿成长。

- 给予孩子们权利，让他们能掌控自己的人生。
- 给予孩子们时间，让他们能够自然的成长。
- 给予孩子们快乐的童年，保证他们不会感受到成人制造的压制和恐惧。❹

夏山作为"世界上最古老的倡导儿童民主"的学校，声言"人生就是寻求幸福"，并确保该校学生将来具备自尊、宽容、正直、公正、富有同情心、自信并且幽默的品质。该校上课全凭自愿，校规也是由校方与学生经过民主协商同意制定的，这些是学校为实现这一理念而采取的核心举措。

纳菲尔德评估小组全面审查了教育标准办公室收集的所有关于夏山学校资料。显然，教育标准办公室在1999年的督察中忽略了该校的教育目标。

第一，这是因为督学们并不把这些目标放在眼里，他们认为："该校的办学理念与作风严重阻碍了学生的发展"；"造成学习成绩不佳的根本原因是非强制性上课的方式。"该校使学生们"将游手好闲误当做享受个人自由"。

第二，皇家督学团并未调查这些教育目标付诸实践的情况。例如皇家督学团所列的54份观测表❺中，只有一张提到课外学习的情况。他们没有注意到学校是一个学习共同体。学校的教师与学生都反映皇家督学团所提的问题中并没有关注广泛的教育发展目标。的确，学生们指出他们被问得最多的问题是"你隔多久上一次课？"

第三，皇家督学团希望"保障所有学生都能全面学习广泛而均衡的课程"。因此，他们认为夏山学校允许学生自由选择课程的做法，使得学生肩负起"难以承担的责任"，这等于是说学校没有很好履行自己的"专业职责"。

第四，皇家督学团所使用的督察框架❻不可避免会让督察重点存在偏颇。皇家督学团提供了18种用来评判的评价类别，与学校主要教育目标有关的可说只有4个（见前面的段落）。因此，在最后的督察报告中，有 11 个部分是关于课堂教学或者正式课程，而只有 3 个部分涉及精神、道德、社会和文化方面的发展。事实上，这个督察框架最关心的是"课堂教学质量"，而正如纳菲尔德评估中所指出的，皇家督学团在 1999 年的那次督察中明显将课堂教学质量与"教育质量"混为一谈。皇家督学团曾批评道：

> 他们的课程是零散的，脱节的，可能会对他们今后的选择产生不利影响。（第 10 段）
>
> 他们的教育是零散的，脱节的，可能会对他们今后的选择产生不利影响。（第 60 段）

"教育"和"课程"在这里除了词语顺序不同以外，很明显是可以画等号的两个词。

因此，尽管教育标准办公室声称从学校制定的教育目标开始督察，但此后采取的督察方法却与之脱节，这很让人费解。但是，在 2000 年，教育大臣埃斯特尔·莫里斯 (Estelle Morris) 给出的解释中说"强迫夏山学校终止使用或者说放弃其教育理念并不是教育大臣原本的想法"。在给下院议员奥斯汀·米切尔 (Autstin Mitchell) 的信中，莫里斯重申了国家教育与就业部对夏山学校办学理念的尊重："我们一直在说，希望夏山学校鼓励——不是强制或者控制——学生参加或进行适当的自主学习。"她这么做，也是在回应教育与就业部早前的一个新闻发布会，会上也采用了这样的说法——"我们一直在说"。 如果发布会的公关部内部记录不是被冠以"例行公事"的话，这次新闻发布会可能会更有分量。

要理解这些显而易见的矛盾之处，关键是要注意到这一点：尽管教育标准办公室针对夏山学校教育目标的评估所采取的措施缺乏事实依据，并且不合逻辑、站不住脚，但是他们一贯采取这些做法。他们通常采取以下 4 种督察方式❼：

方式 1，在原则上肯定了学校办学理念不可侵犯。［例如，"教育与就业部不会把某种特定理念或（条款）规定强加给学校"；课堂自由出勤被认为是"体现该校办学理念的重要体现"；"夏山学校提出的首要目标就是要让学生按自己的节奏来发展。"］

方式 2，实际的行为却在抨击该理念体现的主旨。［例如，让学生误将"游手好闲当做享受个人自由"；该校必须废除"弹性上课制"；"所有学生在学校（必须）全心学习"，因此学校存在"推卸教育职责"的过失；"这些是教育的核心问题，却丢给了学生个人去决定，学生不去上课会害了他们自己。"］

方式 3，将教育标准办公室的目标凌驾于夏山的目标之上。（例如，学业成绩是"教育的核心"；教育标准办公室"看重教学，并以之来解释学生们的成绩"；"没有证据表明运用国家标准就意味着不理解学校的目标与方法"；"存在很多难以处理的重要问题，其中包括学校的教育理念与外界对学生的学习成绩和进步水平的期望之间存在冲突"；"皇家督学团按照规定对学校的表现作出评定，显然学校所作所为与督察框架中设置的评价标准相左"。）

方式 4，通过再次陈述学校理念的不可侵犯来掩盖其行迹。［例如，"（1999）年的报告当然没有抨击自愿上课原则"；"本报告无法，也没有对夏山成立以来的独特教育理念进行评定"。］

这些证据或许足以证实，当教育标准办公室许诺以"学校怎样实现自己提出的教育目标"为原则来督察学校时，实际上他们的意思是——学校如何达到教育标准办公室提出的目标，而他们依据的是——督察框架中的评价标准、国家标准，以及以七分制为"有效"教学打分的传统办学标准。

（二） 证据

教育标准办公室采取的全方位评价模式涉及所有的相关人士，他们要求从家长、学生、管理者和教师各方收集证据以得到评价结论。家长方面，教育标准办公室的方针是督学要考虑"家长对学校提供的教育和教育成果的满意程度如何"。所有被教育标准办公室问到的家长都肯定地说他们的孩子在学校里获益匪浅。❽而这却被皇家督学团以下面两种方式打了折扣。首先，他们试图减弱这个极其积极的反响："因为家长把他们的孩子送到这个学校，所以说他们会完全支持学校的价值观和教育理念，这是不足为奇的。"请注意，这与从家长那里得出的调查结果有所不同，此外，皇家督学团还试图将争论的焦点转向教育目标。然而，很清楚，要皇家督学团报告说家长百分之百支持该校的办学理念，他们是无法承受的。他们声称："**大多数**受调查的家长大大肯定了此校的益处。"（并且还着重声明了这一点。）

最后，皇家督学团召开了家长会。家长们反映这种"大家参与"的全方位进行调查的模式并未真正得到履行，他们觉得督学们傲慢、冷漠而且还独断专行。家长尖刻地说围绕学校目标的调查焦点是很不合适的（家长强烈指责针对学校教育目标的主要督察项目很不合理），认为这就像"用篮球的规则来评判网球"；说皇家督学团"在狗展览上带了只浣熊去参演"。❾

这种全方位调查的模式把重点放在学生看法上，还要求督察者"以学校学生的最大利益来行事"，"督学团首要观测的重点便是学生的利益和福祉"。尽管 1999 年的督察是教育标准办公室历史上最密集关注学生的督察之一（动用了 8 个督学来调查 60 个学生），但学生们还是感到他们的意见并没有被重视，而上课出勤是督学们唯一关心的问题。正如一个学生所说的：

> 我们被调查时，我真的被这些督学弄得很烦，因为我很多课都没有上，而他们总想知道那些时间我到底在做些什么。

当然，教育标准办公室收集的证据里并没有与学生访谈的记录，学生的看法也没在 1999 报告中出现，只有一些打过折扣的为方便皇家督学团的解释与学生有关的地方。例如，皇家督学团辩称让学生自己选择就是把"难以承受的责任强压在了这些学生的身上"，而这应该是"学校的专业职责"。一名 13 岁的夏山学生这样说出了学生们普遍的困惑：

> 我不知道他们是怎么督察的，怎么这么严重地漏掉关键之处。可能他们下意识想要夏山学校办不下去，是因为他们自己没有机会来这里学习。也许他们应该来我们这里度过童年，这样他们就能让我们所有人可以在这里继续学习了。

教职工的观点也被皇家督学团以同样不屑一顾的态度打发了。督学团收集的证据中没有包含教职人员的看法。一名教师表达了大家的普遍看法：

> 督学团的既定想法就是，孩子们有权学习与其年龄段应该学习的知识和技能，而如果他们没有进行这样的学习，就会蒙受重大的损失。督学团还认为我们没能给孩子这样的权利——我们赋予孩子的只是选择的权利，而不是掌握知识技能的权利。

实际上，督察报告在提到教师们的观点时，也是打了折扣的。萨福克郡社会服务部（Suffolk Social Services，1997）记录了当时人们都对这个涉及"所有相关人员"的督察过程一直以来的不满情绪："教职员工、学生和家长……感到他们受到比其他机构更多的监督和挑剔，他们对这种督察过程表现出抱怨、烦恼和焦虑在一定程度上讲是可以理解的。"

（三） 评价

教育标准办公室要求"评价要确凿可靠，基于事实"。他们的评价标准涉及学习成绩、进步程度、教学质量以及学生反映。收集来的有关"基于事实"的证据在一份名为"学校概况"的文件中有记录。通常这属于保密文件，但是同皇家督学团拟定督察报告前的草稿一样，按照审判法庭的规定，它可以公开作为证据使用。而"学校概况"存在极为严重的不实之处。

首先，尽管皇家督学团在他们的报告中指出"有些学生存在学习困难，他们多数是外国学生，很多人在之前接受的传统教育中收获甚少"，由于督学团无法进行同类比较，他们就采取了"在全国范围内进行比对"这一毫无意义的做法。同样，督学团对学生个人学习进步情况的督察也缺乏证据。此外，1999 年他们对夏山学校学生的进步和学习成绩经过比较得出的结论也明显有误。随后对学校所作的两个评价都指出了这一点。更糟的是，"学校概况"中提到，皇家督学团对课堂教学的评价很多都是毫无根据，存有偏见。似乎皇家督学团在督察学校竭力收集"证据"时，头脑中就早有了判决。无须太多，说明几点就对此足以证明。

皇家督学团把课堂教学分成 1—7 级，1 级最高，7 级最低。有一个督学记录道"英语水平偏低"［一名为德国学生；另一名为中国台湾学生（后被划掉改为韩国学生）］，"水平参差不齐"。在"进步"这栏里他写"很难精确计量"。然而，他给出的"取得的进步"等级是令人不满意的 5 级。另一个督学看到一个台湾孩子正开始学英语，评价他是"处于初学的状态"，"学习成就"评为 6 级。"处于初学的状态"的初学者"成就"怎么可以评为 6 级，也即"非常不满意呢"？大概运用他们的评估系统是无法对这里的教学进行评估的。第三位督学对"取得的进步"评价道"肯定取得了一些进步，但在一堂课里是不可能评估出来的"。但是，督学们想方设法让这种不可能成为现实，他们会对这堂课的"进步程度"给出 6 级的评分。还有一堂课的教学得到了总体"满意"的结论，

具体来说"本质上讲，这堂课上得很棒"，可是教学被评为不满意，级别为 5 级。❿

"学校概况"里充斥了这种主管的判定，在后来的纳菲尔德评估中发现，皇家督学团的评估之所以错误，是因为这些评估无法解释清楚，而且无视或者说忽略了概念与内容的有效性，同时这些评估还缺乏有效的比较基础，得出的结论毫无根据。在纳菲尔德评估的研究中总结道："他们（皇家督学团）没有进行有效的比较，那不是他们的错，这项任务是无法完成的。然而，就他们宣称的督察很成功，我们就可以斥责他们。"

督察报告几经修改，其中随处可见偏颇之处——更改之处无不是将正面情况变为负面证据。请看以下评估的初稿：

> 夏山学校依据皇家督学团此前的批评拟订了一个提高计划，该计划不仅引起了一些建设性的讨论，而且它还使得在规划评估、记录保存以及同行合作方面出现了变革之举。以上这些都在规定的时间紧锣密鼓地进行着，并且经过检验。（学校概况）

而在终稿里却变成了：

> 提高计划引起了一些讨论，该计划也使得夏山学校针对有关规划评估、记录保存和同行合作着手开始做一些初步的工作。

初稿里另一处评论说——"16 岁时，学生达到了应有的水准"——这在终稿里却根本没有出现。

在赢得 2000 年的标志性的法庭审理后，夏山对教育标准办公室的督察质量提出了正式申诉。该申诉列举出了纳菲尔德评估、独立调查及学校自己的证据。该申诉呼吁执行教育标准办公室文件中的要求，即评判必须有效、可靠、确凿、公正、前后一致——这意味着要"注重准确、尊重证据"。督导主任在看过申诉中所有的证据后，给我们的回复是"我们坚持给出的评分"。

三、 法庭审理过程

至此，我们已经看到了皇家督学团"控诉"的要旨以及由纳菲尔德评估及独立调查所收集的证据。（我们明白了皇家督学团"指责"的大意，同时也了解了通过纳菲尔德评估及独立调查所收集的证据。）现在的问题是怎样在法庭上将这些陈述出来，并提出反对意见。

这一案件审理安排了两周时间。始于 3 月 20 日，刚过了三天，教育与就业部达成了一个丢脸面的安排，即以后对夏山的督察必须由学校指定的"专家"陪同。这三天里，发生了许多有趣的事情。

夏山的辩护律师杰弗里·罗伯逊辩说学校仍然具有标杆作用：❶

> 我们在本诉讼中提出的证据将会证明（尼尔的）优良传统生生不息，他所设立的教育体制使儿童的人性获得发展，这让他们在今后的生活中可以发挥真正的潜能，这正是该体系一贯秉承的目标。该教育体制对有些孩子来说可能是他们能拥有的最好的教育。在 20 世纪，夏山这样的学校存在与残酷的正规教育形成鲜明对比，这种正规教育动不动体罚、开展集体学习，而且以成绩至上。如今，我们更需要夏山学校的存在，因为公立教育体制与私立教育体制都对种族主义、欺凌弱小、未成年人遭受性侵犯等问题束手无策，它们都受制于狭隘的国家课程，而且深受密集的课堂教学的危害，在这两种教育环境中考试成绩至上的情况愈演愈烈，相比之下，夏山学校为现行的教育提供了另一种教育模式。

接着，他批评了教育标准办公室的行为：

本案中提供的证据将会告诉大家，教育标准办公室的行为已多次违背了其提出的督察标准，各位督学的表现缺乏专业性，在所用方法上存在根本的谬误，很抱歉我要这样说，他们对夏山学校提出种种要求，要其达到一所学校的标准，某种程度上说，这是在对夏山学校进行迫害。

无论政府幕僚们此时如何巧舌如簧地解释为什么对夏山学校作出这样的评判，罗伯逊很清楚"教育标准办公室事实上就是想关闭学校"。教育标准办公室希望避开对尼尔的"教育理念"（正如4种常规督察方式中所述）进行批评，他们认为尼尔的教育理念是不现实的童话。罗伯逊则指出，恰恰相反，这一教育理念：

> ……是一个真实教育体制的反映。尼尔拥有的学校是其教育信念的生动体现……这所学校就是夏山。它在本质上没有改变过，以后也不会发生改变，它也不能改变。夏山意味着自由，否则哪怕少了些许自由，那它就也不是夏山了……自由是不能讨价还价的。如果你坚持要这么做，就像教育标准办公室想要的那样，那么这就是夏山的末日了。

第一个代表教育大臣作证的人是教育与就业部的迈克·菲普斯，他是英格兰和威尔士私立学校的注册官。他承认教育标准办公室的最初要求是"应该强制上课出勤"。但是，教育大臣的看法有些许不同。原则上自由出勤是可以接受的，但是"学校必须保证学生能够有规律定期学习"。在接受夏山辩护律师的盘问时，菲普斯先是称对"规定的自学"进行调整并不是强制性的，后又将"保证"解释为"确保获得这一结果"或者"确认这一结果存在"。同时菲普斯也同意罗伯逊的讲法，即"不该要求制定某种程序去剥夺学生自己作决定的基本自由"。正如教育大臣的证人证实的那样，问题似乎是夏山学校已经偏离了尼尔的教育理念，她现在倡导自由式上课原则，而且还将之衍化为非强制性上课"政策"与"文化"。这样看起来，教育大臣是赞同尼尔的教育理念，反对"偏离事实"的不当做法。菲普斯在描述督察中的4种常规督察方式时，表现出来的不安情绪，起到了相反的效果。

教育大臣赞成尼尔的教育理念，反对"歪曲事实"的做法，为此他试图进行干预，这极大地说明了教育与就业部的证人在面对盘问时，是在诡辩。教育与就业部决定不挑战尼尔的教育理念，也许是为了避免与该校有着80年历史的教育理念进行较量，这使得菲普斯根本无法回应自己辩护律师设法所作的辩护。教育与就业部的辩护律师暗示如果教育与就业部想要强制上一些必修课，它会通过建议的方式，但是教育与就业部并无此想法，借此他想尽力挽回教育与就业部的败局。而且，他还暗示教育与就业部提出的建议都是恰如其分，具有建设性的。而对于这种建议的避讳，使得菲普斯的证词语无伦次，这对夏山十分有利。

辩护律师：你说过你曾反对教育标准办公室建议一些必修课程应该强制性上。我们听说了此事。现在请你告诉我，如果你当时想说必修课程应该被强制性上，你会这样建议吗？

菲　普　斯：我想不会，不会建议那么做。

辩护律师：要是你本想这样说呢？

菲　普　斯：对不起，你的话是什么意思？

辩护律师：你可能会这样回答，但是我想你没有听明白我的意思，我的问题是：要是你当时想说"我希望强制性上一些必修课。假设我是教育大臣，我想让你去提高课堂教学，你会提出这样的建议吗？"

菲　普　斯：呃……

这样，菲普斯先生不能说，甚至受他自己的辩护律师暗示而作为假设也不能说出来的事情就是：承认教育与就业部就是要毁掉夏山的"自由"本质。如我们所见，教育标准办公室很乐意在强制上课问题上正面展开进攻。教育与就业部不敢坦白的事实是：督学团向夏山学校保证他们会维护夏山的教育理念，但是可以说夏山被人从背后捅了一刀。

　　法庭的审问进一步显示，夏山学校不知道自己被列入了"特别关注"的学校名单之中。标有"特别关注"的学校文件中显示对学校的督察要比通常情况频繁得多。皇家督学团否认了这点，称并没有将夏山列入任何"特殊"名单当中，在此前写给夏山的校长佐薇的信里，他们说道："很抱歉听说你认为夏山被挑出来，列入特殊名单当中，我可以向你保证此事子虚乌有。"杰弗里·罗伯逊问菲普斯："这是在撒谎，对吗？"菲普斯先生回答说他认为是这样的。

　　罗斯法官得知学校没有被告知其被列入"特别关注"的名单时，感到十分"震惊"。他询问了菲普斯常规督察与特别督察的区别。

> 罗斯法官：……那么为什么你在信里使用"常规"一词？就因为常规督察是不一样的，对吗？"常规"意指有规律地开展督察。而夏山所受的督察根本不是"常规性的"，对吗？
>
> 菲　普　斯：要是教育政府部门注意到有些学校可能处于无法达到最低教育标准的情况，对这些学校进行的督察就是"常规性的"。
>
> 罗斯法官：这就是你能给出的回答？
>
> 菲　普　斯：是的。

　　此案庭审的过程中，菲普斯一直在诡辩。很显然，教育与就业部的辩护律师担心此案会败诉，因而提出进行庭外和解。双方交涉的结果对夏山非常有利，撤销了整改通知。双方同意，今后对学校的督察需要有一名学校指派的校外专家进行监督，教育与就业部也认为今后的督察工作应有一名专家在场——这样可以进一步削弱教育标准办公室在督察过程中一手遮天的做法。[12]学校会"继续提供一个促进学习的环境"。注意"继续"这个词的使用。皇家督学团答应以后会充分考虑学校的教育目标和全体相关人员的看法。

旋即，在其召开的新闻发布会上，教育与就业部篡改了这份和解协议的初衷，他们的言论暗示夏山现已同意鼓励学生去教室上课。教育大臣下院议员戴维·布伦基特（David Blunkett）也试图将政府的让步说成是赢了官司，他声称夏山学校已经同意鼓励学生到教室上课，并且答应提高教学质量，改善评估方式。事实上，在双方和解谈判之后，教育与就业部就签署了以下声明："我们接受尼尔的教育理念，学生有不去上课的自由。"

戴维·布伦基特声称"夏山要继续提供一个促进学习的环境"这句话意思是"要鼓励学生去上课"，对于本案的描述，他简直是在混淆视听，他没有承认就在几周之前，教育与就业部无奈签署了和解协议。教育与就业部试图借此转败为胜。但是，教育与就业办公室的确有一个自己也缄口不谈的得胜之处。那就是：由于此案提前结束，法庭没能听取所有关于督察过程的证据，因而法庭就无法评判1999年督察工作的质量，而且也无法就针对进步学校制定的督察"框架"与程序的相关或者其他更普遍的方面发表意见。所以，夏山只能通过教育标准办公室的申诉程序，对不同于法庭和解协议所描述的整个督察过程进行投诉。

四、夏山学校的申诉，教育标准办公室的回复以及申诉仲裁官的调查结果

在夏山学校对1999年皇家督学团调查报告质量的投诉（Summerhill School, 2002）中，反复提到上文中记录的诸多存有异议的地方，同时该申诉中呈现了皇家督学团就夏山学校毕业生对学校的看法所作的第一次调查中收集的资料、独立调查以及有关夏山教育结果的纳菲尔德评估，其中包括"全国范围比较"的情况。所有的这些证据都极具说服力。你可以在夏山学生的身上看到充满自信、善于交际、相互关爱、相

互尊重、当机立断的特征。从对以往的夏山毕业生的调查中可以看出，他们适应生活的能力很强。学校在抚慰学生心理创伤上的作用极为有效，而且不同凡响，正如一位曾在夏山就读过的学生这样描述道：

> 我只想补充一句，过去夏山对我很重要，现在仍旧对我很
> 重要，它仍然是我生活中感到压力时的梦回之地！

　　通过独立调查发现，夏山学校学生的考试成绩要高于全国的平均分，尽管其招收的多数是外国学生，而且学校拥有的问题学生比一般学校要多得多，实际上这些学生都不同程度地憎恶学校生活。**⑬**最后一份证据是由学校的诉状律师对以往的夏山学生所作的调查。该调查显示，绝大多数学生都是赞成非强制性课堂上课制（人数高达 92.3%）。终于，皇家督学团对夏山人今后的"成就"的担心有了坚实的证据基础。督导主任戴维·泰勒（David Taylor）对这一新证据作出了评论。他解释说他的职责就是按照"你们（夏山）提供的所有资料"对学校的申诉进行公正地核查。在经过足够长时间细致的调查之后，他得出的结论让人匪夷所思，他说："我们已经对申诉进行了仔细的核查，但找不出其他的证据表明皇家督学团忽略了学校工作的重要方面"（OFSTED, 2002）。

　　尽管督导主任承认看过纳菲尔德评估与独立调查中得出的结论，但是这些结论好像并未在其脑海中留有印象。与皇家督学团意见相左的调查结果，他一并不予采纳。因此，在缺乏"其他证据"的情况下，皇家督学团维持他们的评分，同时也维持督察报告中着重提到的问题。"通过审阅记录下来的证据，我发现声称皇家督学团忽略了课堂外学习的讲法不正确。"而我们在前文中提到，在所收集的证据中，54 份观测表中只有一份是有关于此的。此外，督导主任的结论中还提到"并没有明显证据表明皇家督学团遗漏了一些学生的重要看法。"督导主任似乎对那些明摆着的事实视而不见（例如关于学生成绩以及学校教育成就的新证据），他关注的都是些凭空捏造的证据（例如督学团有关课堂

外学习的证据，或者督学团对学生看法的适当关注）。他声称 1999 年的督察报告的确经过了大量的实际调查，他总结道："我们维持这份督察报告的结论，因为这份报告是由一群经验丰富且公正不阿的督察团作出的最为专业的分析判断。"

作为夏山学校所请的第三方独立专业人士，笔者在对该文件作出评论时，概述了教育标准办公室对夏山学校申诉的回复：

> 教育标准办公室的回复是在掩盖，在新证据的力证之下漏洞百出的督察过程。而且这一回复本身也反映出教育标准办公室自身申诉程序的诚信度与能效度上存在严重问题。毫无疑问，按照这样的裁决，负责回函的督导主任应该好好考虑一下自己的饭碗了。

根本就没人理会这件事。对这些申诉过程与回复中出现问题的总结报告递交给了一些议会议员以及媒体手中。但没有媒体加以报道。议会也没有提出质疑。议员们只是将这些批评意见转交给了教育与就业部，同时交还给他们的还有他们所作的否认回复，除此之外，议员并未加以任何评论。就这样，一个错误百出的督察工作被内部"申诉程序"掩盖了起来，其中肯定存在不怀好意、不诚实以及不称职的情况也未受到任何评论与惩处。

夏山学校还进行了追索上诉。学校又上诉至申诉仲裁官。尽管申诉仲裁官是由教育与就业部任命的，但是其对督察质量的核查是独立进行的。❶申诉仲裁官说道："对督学团的专业评判进行评价不属于其职权范围"。而且，她只是法律方面的专家，进行调解工作，并不是什么"教育专家"。尽管申诉仲裁员申明自己帮不上忙，无能为力，但她否决了教育标准办公室指责夏山学校的教育方针偏离了正轨，放任自流。另外，她对教育标准办公室能对夏山的申诉给予回复表示满意，并认为其他有关学校教育成果的证据是与本案"无关的"。本案的关键是教育标准办公室是否正确地遵循了其督察程序，而她认为教育标准办公室基本上做到了这一点。❻因此，她的结论是教育标准办公室的督导主任"全面公正地核查了督察期间督学们收集的证据"。申诉仲裁官提到一个重要的地方。本质上讲，她认为皇家督学团那些无法提供证据的裁定，应该予以撤销；但同时她也表明后面提出的证明教育标准办公室所作结论是错误的证据毫无干系。

在该上诉过程中，"新提出的证据"并没有被采纳。正如所有合法上诉一样，此次上诉必须通过尽可能收集到的证据和理由来核实教育标准办公室的裁定是否"合理"，所以新证据不能用的话，究竟为什么还要有上诉程序这一说呢？不管怎样，这方便的漏洞就令申诉仲裁官得出结论，认为教育标准办公室"作出的回应是均衡的、适度的"。

简而言之，申诉仲裁官为之又进行了进一步的掩饰。

五、结论

夏山花了近13万英镑来为自己辩护以避免被教育与就业部关闭。对于教育标准办公室开展的评估活动，各地学校每年提出的投诉多达70多条。但是，很少有学校能够获得帮助进行这样的辩护。尽管1999年的那份督察报告名誉扫地，而且在本书即将出版之际仍旧被恬不知耻地挂在教育标准办公室的网站上，但是夏山学校依然是胜利者。而且毫无疑问，皇家督学团和教育标准办公室一等风声过去，还会拿夏山学校的"问题"做文章。毕竟，这样做是他们惯用的伎俩。本质上讲，他们敌对的根源是那个时代出现的反对进步、倾向专制的教育思潮，这种思潮认为夏山学校的自由教育违背了强制性学校教育，而首席督学克里斯·伍德黑德正是这种教育思潮的提倡者，整个事件很有可能是他挑起或鼓动的。这当然是推测，但根据教育标准办公室的文件调查，似乎可以肯定的是教育标准办公室的高层曾提议要"撤销夏山学校的注册"，也即关闭学校。例如，参与1999年督察工作的督学团成员之一——克里斯·古尔德（Chris Gould）就是高层管理人员，这可谓十分不同寻常。

教育与就业部的教育标准办公室在夏山学校评估中所使用的评估策略值得进一步讨论（Stronach，2002c）。如我们所见，当家长纷纷称赞教育效果很好时，教育标准办公室则用教育目标来搪塞。当拿到学生成绩后，教育标准办公室又说成绩并不代表一切，教育目标范围大着呢。而当学校提到自己具有广博的教育目标，教育标准办公室又称学业成绩是教育的核心。当学校指出教育标准办公室正在对其教育目标进行评估，教育标准办公室则说这只是督察框架而已。当学校要求进行合理的"全国比较"，教育标准办公室先是表明不会这样做，而后又改变了想法。当学校拿出学校教育效果明显的跟踪调查的充足证据，教育标准办公室则说督学团只能对他们亲眼目睹的情况作出评判。要是教育标准办公室作出了让步，这些让步立即又会在其他地方收回来。❶这到底是怎么回事？

我们已经看到，教育标准办公室总是通过四种常规做法来应对种种指责。从口头上讲，这四种督察方式使得其掩盖了自己的教育价值观、目标方法与学校的教育价值观、教育目标和方法之间存在的矛盾。从菲普斯的证词中可以看出这些狡辩之处，例如，将"特别"说成"常规"；目标是可以接受的，尔后又拒不承认；报告中说教育活动符合教育目标，尔后又声称偏差了教育目标。

教育标准办公室对夏山学校的申诉所作的回复尤其体现了这一特点。在回函中督导主任有 18 处向夏山保证教育标准办公室不评价学校的目标。而同时，他却极力维护皇家督学团报告，该报告中有 40 处批评，不是直接中伤夏山的办学理念，就是加之以不可能做到的限制。类似的情况是，因为相互矛盾的地方均在督察报告和申诉回函中出现，所以教育标准办公室的撰写者们总能在撰写过程中讲述在哪些地方他们关注学校的目标。例如个人发展问题，据说皇家督学团就在第 8、第30、第 32、第 51、第 52 等段落中提到。对学校目标的积极关心也在第57—第 62、第 8、第 51、第 52 等段落中出现。这些零零碎碎的叙述掩盖了整体矛盾的力度。例如，他们在督察框架中隐藏了这些特点。然而，从语法上看，申诉回函中的第一句话却证实了这些表现的从属性

（就是在语法上也是）：

> 国家督察系统的一个主要特点是，为了在充分展现对个
> 别学校独特目标和取向敏感性关注的**同时**，保证最大限度的
> 公平性和一致性，必须符合标准表现。

这句话包含了很多内容。它有权命令要标准化（"必须"），它把
公平的概念从个别情况（孩子，学校）扩大到全部的地方（系统范围之
中），在此标示出全国性比较中孩子和学校的位置。这样，个人的"目
标和特点"就从属于全国的平均成绩。而"公平"就变成了技术要求而
不是道德要求。措辞"敏感性"也十分怪异，这是另一个重要体现。如
果我对你的要求"表现得很敏感"，你也很容易怀疑我是否真诚。

此外，还出现自相矛盾的地方是声称学校的教育理念没有问题，而
是学校教育的"效果"、"结果"或者说"有效性"有问题。然而，当学
校拿出这些教育结果的证据时，这些证据又被视而不见，换句话说，被
申诉仲裁官看作"没有相关性"。我们再次看到了那四个常规督察方式
之间的前后矛盾之处。

正如先是说评价了教育理念，后又改口没有评价教育理念，这一自
相矛盾的地方被篡改了许多，同样的，定期参与课堂学习还是自愿参与
课堂学习的情况如出一辙。在法庭内外，教育与就业部和教育标准办
公室都辩称只要学校表示要"提倡强制性"来保证定期参与课堂学习或
定期自学，他们就支持。教育与就业部的专家证人约翰·麦克贝思教
授（John MacBeath）曾建议接受"积极的鼓励"的说法，而这些方案被
督导主任用来下结论，说"皇家督学团一直注意不要明确表态：是支持
强制上课还是自愿上课。他们总是关注效果，以及事实情况"。谁也说
不清楚"提倡强制性"怎么和自愿上课等同起来——这绝对是信口雌
黄。此外，还有一个矛盾之处。先是菲普斯承认皇家督学团/教育标准
办公室要求过强制上课的，是教育与就业部避开了这个直接的说法。
然而，如我们所见，自愿上课政策的有益"效果"被教育标准办公室的

回应和申诉仲裁官排除出了法庭。而且，如我们所见，也从 1999 调查报告的草稿剔除出去。这些在修辞上循环往复的讲法，是为了掩盖出现矛盾，而不是解决问题。

教育标准办公室对于自己的教学与学习理论很清晰——但他们并不真正遵从任何理论。因此，夏山的教育方法与他们自己的方法之间不可能存在冲突或矛盾，"强调皇家督学团的督察工作不是以任何特定的理论流派为基础，这很重要。"（督导主任语）。但是这样的"开诚布公"被诸如"国家的期望"、督察框架"要求"、"进步"及"成绩"等讲法所推翻。这些讲法组成了一个"高效且恰当的"法律要求的含蓄理论，但这一理论不是建立在事实证据基础上的。相反，这一理论可谓是一套连锁的督察原则。看来督察框架被执行者们认为是不具备理论性的，他们忘了督察原则是没有经过证明的。因此，他们找到证据指出，对夏山学校这类学校的督察框架存在的问题就是督察框架中所指的学校存在的问题。

很容易看到，这样的论证本质上是循环往复的，因为他们这样可以换掉不要的证据，压制对手的解释，把理由从一个地方转移到另一个地方，高兴在哪个场合采用哪个标准就用哪个标准。

最后，皇家督学团对夏山的案件还远未结束。2003 年，政府着手加强其对英国私立学校的法律控制："由于一些重要的督察报告出现了一些问题，我们已将它们（督察标准进行了更新，扩大了这些标准的覆盖面，将其延伸至以往我们没有执行权的领域）。"其中一个"标准"提到"教育质量"。从法律上讲，这一质量要求"全天候监督教育的实施"。这对"自愿上课"和夏山自由的威胁是显然的。政府委派的督学又会以他们制定的新法规，带着记录簿出现在学校，尽管这仅可能违反了人权法。"常规"督察每 6 年开展一次，夏山学校可以预料到今后的督察情况。

从更广泛的角度讲，英国教育中出现的此类专制主义威胁到了各地的进步主义教育。对夏山学校的抨击就是典型表现，所有的教育者都要奋起抗争。正如我们所见，它不仅是一种中央集权式法西斯主义的缩影，而且还是一场声势浩大的督察闹剧。因此，我们坚决要求所有的机构都必须制定反对专横霸道行为的政策法规，要是某一政府部门与政府机构恃强凌弱，我们大家应予以蔑视与谴责。

注释

❶ 感谢哈里·托兰斯、玛吉·麦克卢尔、萨维尔·库什纳和朱莉·艾伦对本章的反馈。

❷ 1999 年 11 月学校要我提供皇家督察团在 3 月的调查过程的评估。我把教育评估专家的团队（哈里·托伦斯、萨维尔·库什纳、巴里·麦克唐纳以及特殊需要专家朱莉·艾伦）放了一起。纳菲尔德提供了一小笔资金以支持此评估。团队向夏山学校澄清它的报告是自主的，可能对维护学校不利。纳菲尔德团队花了 24 天实地调查了学校，用了两个月看了教育标准办公室调查的总的过程及与夏山有关的过程，就是为了写出报告，能让学校用来为 2000 年 3 月的法庭案件辩护。那 100 页的报告给本章提供了信息。此外，学校随后又对纳菲尔德的评估及其自主问询起诉。因为我已经被学校指定为他们的"独立专家"，所以教育标准办公室对其起诉的回应（OFSTED，2002）就交到我这里。法庭要求教育标准办公室今后对夏山的视察须是"有他方随同的"。那年的 6 月，就教育标准办公室对夏山起诉的回应（Stronach，2002a），我写了个 28 页的评论，随后陪同皇家督察团对学校进行了一天的再视察。也许并不让人吃惊，最终的结果是对学校有利（Shaw，2002）。

❸ 参加独立问询的有 8 位高级教育学家，包括教育标准办公室培训出来的调查官和一些独立学校的校长：依恩·坎宁安、哈里·格雷、彼得·霍尼、麦克尔·罗森、斯图尔特·安斯沃思、德里·汉南、吉尔·霍斯伯勒及科林·里德。他们于 1999 年 9 月—2000 年 1 月期间在学校待了 17 天。

❹ http://www.s–hill.demon.co.uk/qanda.htm（进入 2001 年 2 月的网页）。

❺ 这些引语来自于法庭程序的官方记录，（笔者）改正了个别拼写及标点错误。

❻ 框架是一个文件，明确了调查的焦点、种类、标准及方法。有关 1999 调查的关键文件是 1997 文件（OFSTED，1997a），该文件使公立学校调查程序应用到私立学校，也就是"自主"学校。

❼ 这种反复可以在以前的皇家督察团/教育标准办公室调查，在 1999 皇家督察团报告以及后来对夏山起诉教育标准办公室调查质量差的回应中都能看到。这每一个行动的例证主要都来自于皇家督察团对学校理念的 40 个批评（或隐含或明显）。列举在斯特罗纳克的文章中（Stronach，2002a：9，第 9 号档案）。

❽ 就像包括教育标准办公室训练出来的调查官的独立问询所指出的那样，这些正面反应率要比皇家督察团熟悉的平均水平要高得多。

❾ 这与别处对教育标准办公室视察的调查发现完全相反。乌斯顿和克列诺夫斯基（1999：34）发现97%的被调查家长（n＝610）感觉到调查官对他们的观点感兴趣。此样本基于很低的回应率（6.4%）。夏山独立调查报告说47.69%的全国的家长表达了对办学很严重的（135）不满，这对调查官关于夏山的教育质量的结论是个挑战，因为在夏山不满的比例是零。他们的这个"全国比较"是失败的。

❿ 这是皇家督察团的一例判断，无法辩护却是积极的，因此表明"偏见"可能不总是个问题。有一个不会日语的检察官，观察了一节日语上的课。他给那节课打了满意3分，评论道"学生已经颇自信地用日语交谈了"。令人吃惊的是，教育标准办公室之前对它的检察官评价在其听不懂的语言上的课的质量的能力作了辩护——见其对一节希伯来语的评估（OFSTED，1997b）。

⓫ 这一引用来自审判过程中的官方文件，我对其中的拼写及标点错误作了修改。

⓬ 教育与就业部的专家是保罗·赫斯特，夏山的是依恩·斯特罗纳克。两位都参加了2002年对学校的视察。保罗·赫斯特后来说，他担心对新规定（2003）的狭隘解释可能让夏山的理念不被接受。

⓭ 纳菲尔德评估总结说这样的比较不可能做到，不过还说GCSE结果似乎没什么问题，于是同意学校在"成就"方面的效果处于"赶上"阶段。这点我们可以在"教育要点"里看到。在教育标准办公室的回应中，有关考试结果方面的额外证据的性质没有进行评价。相反，戴维·泰勒先生评价道，考试结果"不是唯一的目标，调查看的是更广泛的目标，包括国家和各个学校制定的目标。皇家督察团看了毕业学生的表格，也关注学生们对他们受到的教育的看法"。这样的注解在皇家督察团证据中没有记录，而泰勒先生的重新评价的唯一来源就是皇家督察团的证据。

⓮ 这是教育标准办公室认为的第四种的独立。第一，他们皇家督察团的调查是"客观"而自主的。第二，调查长是"独立"的。第三，调查被教育标准办公室的公司管理部门的"承诺组"仔细审查过。第四，还有官员投诉庭长的审查。在最后的分析中，所有人都是教育与就业部或其代理教育标准办公室的指定人员。独立在政府圈子里似乎是某种俄罗斯洋娃娃。

⓯ 还有以下批评：忽视学生和家长的观点，缺乏课外学习的证据，以及在观察表格中皇家督察团"审查"的几个弱点。1997框架被暗指太狭隘，但其2001替代品如果小心敏感地执行的话，是"符合目的"的。

⓰ 例如，皇家督察团同意说他们本来可以做更多来记录学生的意见。同时，他们也确定没"漏掉"什么证据。从对他们的观察和记录的批评中，他们接受说可以吸取一些教训。但同时，他们凭他们所分的等级进行判断。

第五章　关于夏山学校办学理念的问与答[*]

A. S. 尼尔
A. S. Neill

一、总论

你声称人类违背了生命的初衷，请问你这是什么意思？

我没有违背生命的初衷，我的朋友们也没有。

我这一辈子目睹过两次可怕的战争，无数年轻人在这两次战争中失去了生命。也许在我有生之年还会目睹第三次战争。小时候，人们在南非为帝国主义事业而牺牲；1914—1918 年，人们为了一场"为结束所有战争而进行的战争"而阵亡；1939—1945 年，人们又因要消灭法西斯而殒命。明天，或许又会有人为粉碎或是坚持某种主义而献身。这一切都表明，只因掌权者一声令下，大批人就会响应号召，为了与他们个人生活并无相干的"事业"去献出自己乃至孩子的生命。

如果我们是政治家、商人们和探险家们手中任其摆布的一颗棋子，那我们就是与生命渐行渐远，与死亡亦步亦趋。而我们之所以沦为棋子，是因为有人一直要我们这样消极地对待生活，去委曲求全适应这个大权当道的社会，时刻准备着为了主子的旨意而献身。那些为爱而死的故

---

* 本章内容摘自尼尔所著的《夏山学校》平装本第 7 章的内容。——编者注

事只有在浪漫的小说里才有，在现实社会里，人们只会为仇恨而亡。

以上是从人类群体来讲，而就个人而言，违背生命的初衷体现在每天的日常生活中。比如有的人对性生活不满，但他表现为一个道德主义者，把"性"这样自然的事情也看做是邪恶或至少看作不合适，并教育他们的子女也照着他们做。

成为一个热爱生命的孩子，无须有人来灌输关于性、课堂学习、上帝、礼貌、行为举止方面的道德伦理；热爱生命的父母或教师，他们从来都不打孩子；一个热爱生命的人，他们无法忍受那些惩罚法规、绞刑以及对同性恋、私生子的惩处；一个热爱生命的人，他们不会坐在教堂，声称自己是一个痛苦的受难者。

在此，我要声明，我并非一名放荡主义者。我们可以做个小测试：**某某先生是否在做危害别人的事情？**若答案为否，则可排除此人违背生命的初衷。

也许有人会从另一个角度解释热爱生命，他们指出，那些年轻人们跳舞、远足、嬉戏、看电影、听音乐会、看话剧等都是热爱生命的表现。这种说法也有偏颇，我们的年轻人渴求一切热爱生命的东西，他们总是那么阳光、充满活力，总是那么乐天，甚至寻找那些不被权威认可的快乐。这种渴求与现实的冲突致使他们成为一个矛盾体：一边在找快乐，一边却又怕快乐。

我这里所用的"违背生命的初衷"，并非意味着自己去寻求死亡。我指的是相比而言更应畏惧的是生命，而不是死亡。违背生命的初衷并不一定意味赞同死亡。违背生命的初衷就是支持权威，支持宗教教义，赞成压抑，赞成压迫，或者至少是对这些都奴颜婢膝。

概括说来，热爱生命就是要开心，要游戏，要有爱，要做有兴趣的事，有自己的爱好，有欢笑，有音乐，有舞蹈，体谅别人，忠实于人类。而违背生命的初衷则意味着义务、服从、利益以及权利。综观整个人类历史，一直都是违背生命的初衷占据上风。只要当今的长辈们还在用他们的理念教育年轻人要听话、要顺从，违背生命的初衷就将继续主导这个社会。

二、关于夏山学校

夏山如何发展孩子的意志？是否允许他随心所欲地做自己喜欢的事，如何培养他的自制力？

在夏山，孩子并非可以随心所欲。孩子自有的纪律意识在各方面约束着自己。能允许他随心所欲做的事情只有那些仅影响他自己的事情。要是他愿意的话，他可以玩上一整天，因为作业和功课是只关系他自己的事情。但不允许他在教室里吹号，因为那样会影响到其他人。

那么，到底什么是意志呢？我可以下决心去戒烟，但我不能下决心去爱上某个人，我也不能下决心去喜欢植物学。没有人能下决心去做好人，其实在这方面，也没有哪个人能下决心去成为坏人。

坚强的意志是无法训练出来的。如果你自由地教育孩子，那样他们会更自觉，就是因为自由让他们使越来越多的不自觉变成自觉。这就是为什么夏山的孩子很少对人生感到困惑。他们知道自己想要的是什么，而且我认为他们最终也一定会得到他们所想要的。

要记得，所谓的意志薄弱通常都只是一种缺乏兴趣的表现。如果你很容易就劝说了一个意志薄弱而且不想打网球的人去打网球，那就说明这个人根本就不知道自己喜欢什么。奴性的纪律体制就是要把人都弄得意志薄弱，缺乏斗志。

夏山允许孩子做危险的事吗？

当然不允许。人们总是意识不到也理解不了给孩子自由并不意味着让孩子做傻瓜。我们不会允许学校里年幼的孩子自己决定几点钟去睡觉。我们会保护孩子，让他们不致遭受到机械、汽车、碎玻璃、深水等危险的伤害。

我们绝不能在孩子尚且没有能力的时候去让他们自己负起责任。但是我们要记得，在孩子发生的事故中，有一半都是由于教育不当所导致的。火灾危及孩子就是因为没有人告诉这个孩子火到底是什么东西。

有没有孩子拒付学校大会上给予的罚款呢？

孩子们从来就没那样做过。我倒是愿意要他们拒交，如果他们觉得他们是受了不公正待遇的话。孩子们的不公正感会通过我们的申诉制度来解决。

你说夏山的孩子心灵纯洁，这是什么意思？

所谓心灵纯净是指他们不会被吓到。人要是被吓到了，那就说明你压抑了你对那些能吓到你的事情的兴趣。

维多利亚时期的妇女听到"腿"这个字会感觉很震惊，那是因为她们对"与腿有关的东西"有一种异乎寻常的兴趣。与腿有关的东西就是与性有关的东西，被压制的东西。所以在夏山这样的氛围中，我们并不禁止谈性，也不会把性和罪恶联系在一起。孩子们没有必要偷偷谈论或是目光猥亵而把性变成肮脏的东西。他们对待性很纯真，就和他们对待别的任何东西一样。

你们如何对待顶嘴的学生？

在夏山还没有学生顶过嘴。只有被一个貌似威严的人贬低时孩子才会顶嘴。在夏山，我们以孩子的口吻讲话，如果哪个老师抱怨说被顶了嘴，那我就会认为是他（她）自己没用。

在夏山，年纪大些的孩子会照顾年纪小的孩子吗？

没有，因为年纪小的孩子不需要被照顾，他们忙着做自己的重要事情。

你们怎样对待那些在虔诚的宗教家庭长大的孩子？你们会允许这样的孩子在夏山进行宗教活动吗？

是的，这样的孩子可以在学校里进行宗教活动，而且没有必要害怕会受到来自老师或者学生的任何不好的评论。但我却发现，没有哪个孩子在他空闲时进行宗教活动。

有些刚刚入学的孩子礼拜日去过几次教堂，随后就再不去了。教堂太乏味了。我没看出哪个孩子是发自内心地崇拜上帝。当罪恶感被洗去，也就不再需要祷告词了。

总的说来，来自宗教家庭的孩子比较虚伪，备受压抑。在一个失去原始的对生命的热爱而只注重对死亡畏惧的宗教制度下，这种现象是在所难免的。

你可以给孩子灌输对主的畏惧，但无法灌输给他们对主的爱。自由的孩子不需要宗教，因为他们自己的精神生活就已经很有创造力。

为什么你们把男孩和女孩安排分开住宿？

嗯，夏山这所学校在英国，那我们就要注意英国的道德观念和法律法规。

三、关于养育孩子

你是否认为一旦他们读了你们的书、听了你们的讲座，了解了这一切之后，就会在对待孩子方面有所不同、会更好地对待他们呢？是不是挽救那些问题孩子就要靠给家长灌输这些知识呢？

一个母亲，如果她的统治欲很强，当她读到这本书的时候，她会感觉很不舒服，并辩解说，"我也没办法，我控制不了，我不想把孩子惯坏，你们找出问题很容易，但是如何解决这些问题呢？"

是啊，如何解决呢？或者，到底有没有解决方法。这个问题让我一言难尽。

对于一个生活乏味、忧心忡忡的女人，会有什么样的解决方法呢？对于一个觉得自己儿子很了不起的男人，能有什么样的解决方法呢？最糟糕的不过是：他们根本就不知道自己在做什么，如果你给他们哪怕一点点小小的暗示说他们的做法不对，他们也会愤愤不平。

是的，知识本身并非能够有所帮助，除非家长在情感上是准备接受这些知识，而且他们自身有能力去获取新的知识并能照着去做。

为什么你们如此强调让孩子开心的必要性？是不是所有的孩子都开心呢？

这个问题不太好回答，因为开心这个词有好几种意思。当然了，没有人会永远开心，有时候我们也会牙疼，恋爱也会受挫，工作也会乏味。

开心这个词如果完整地解释的话，它指的是内心的一种愉悦的感觉，一种平和，一种对生活的满足。这些感觉都只有当人觉得自由的时候才能体会到。

自由的孩子看起来是坦诚的毫无畏惧的，遵守纪律的孩子总是胆小怯懦、可怜兮兮。

开心也可以被定义为最不受压抑的一种状态。开心的家庭往往有爱，而不开心的家庭气氛总是紧张的。

如果你给孩子以绝对的自由，你认为他什么时候才能意识到自律是生活所必需的，或者你认为他今后会不会意识到这一点？

其实没有什么绝对的自由。如果彻底不管孩子、任其自由，那就是踏上了一条危险的道路。

社会无自由可言，因为你必须要尊重别人的权利。但是每个人却可以拥有他个人的自由。

具体地说，你没有权利让孩子去学拉丁语，因为学什么是他个人的选择；但是如果在拉丁语课堂上，孩子一直在捣乱，那他就应该被赶出教室，因为他干扰了别人的自由。

关于自律，它并非是一个容易明确的事情。绝大多数情况下，它都是被成人的道德观念灌输给孩子而形成的一种自我约束。真正的自律是无所谓压抑或是接受的，它是对别人的权利以及开心与否的顾虑。自律会使你向别人的观点妥协，努力去和他人和平相处。

你会允许一个天性懒惰的孩子去我行我素、懒散行事，只做他喜欢的事情，去浪费时光，你真的认为这样对吗？你怎么去让他做他不喜欢的事？

懒惰是不存在的。懒惰的孩子要么是身体不舒服，要么就是对大人认为他必须要做的事情提不起什么兴趣。

我还从来没有看到过一个 12 岁之前来到夏山的哪个孩子是懒孩子。许多被送到夏山的懒孩子都来自于管理严格的学校。这样的孩子已经懒惰成性了，但当他不再受那种教育影响的时候，他就不会再那样了。我不会让他做他不喜欢做的事，因为他还没到那个时候。就跟你我一样，以后他也要去做很多他不愿意做的事情，但是至少目前，他应该自由地度过他的嬉戏时光，才能让他今后有能力去面对困难。据我所知，还没有哪个夏山毕业的孩子被指责为懒惰。

你觉得爱抚孩子好吗？

我女儿佐薇小的时候，有一次她听到摔门声就哭起来。我妻子抱起她，给了孩子一个温暖的拥抱，然后抱着她，抱的姿势让孩子的腿脚能蹬来蹬去。

一旦意识到抱得太使劲了，家长就应用一种确保孩子四肢自由活动的方式来和他们玩。我发现那种总是家长装输的游戏只对四五岁的孩子奏效。大笑对身心都是一种很大的放松，一个健康的小孩子总是哈哈大笑或者咯咯地笑个不停。挠胳肢窝也会引发一阵开心的大笑，而且……哦，对了，我得提一下，有的学校认为：与孩子肢体接触会使孩子产生对父母的不正常的依恋。我坚信这属于无稽之谈。没有任何理由禁止父母爱抚、胳肢、抚摸、轻拍他们自己的孩子。

别去理会那些对生命存有顾虑的心理学家，说什么不能和婴儿同睡一床，绝不要去胳肢孩子。这种戒律背后其实有一种潜意识作祟：身体上的任何接触都有可能会引起孩子产生性方面的情感。或许会有这种危险，不过这种情况只在那些神经过敏的家长在与孩子的身体接触中自身感受到愉悦的时候才会出现。但我的著作是写给大多数人（或少数人）看的——而不是那些自己本身还是婴孩的家长。

你如何看待体罚？

体罚本身就是残忍可恨的，因此也是丑恶的。不论是实施体罚的人还是承受体罚的人都憎恶体罚。体罚是一种性变态。在手淫被压抑的社会，手被惩罚，是因为手淫是用手进行的。在专门的男子学校，同性恋是被压制的，屁股会被鞭打，因为屁股是欲望的目标。出于对这种可耻的肉欲的憎恨，使得体罚在宗教盛行的地区非常普遍。

体罚是一种投射行为。施予者痛恨自己，又把这种痛恨投射到孩子身上。母亲打了孩子，她会痛恨自己，因而也恨自己的孩子。

如果教师所带的班级人数众多，与其说他用教鞭是出于憎恨，倒不如说他是图一种方便，因为这种方法简便。要杜绝体罚的最好办法是废除大班制。如果学校就是一个玩耍的地方，可以随意选择要学的东西和不要学的东西，鞭打这种现象就会自动绝迹了。在一个教师都清楚自己工作职责的学校，体罚是从来用不着的。

你当真相信让孩子摆脱坏习惯的方法就是让孩子继续他们的恶习吗？

恶习？在谁看来是恶习？坏习惯？你大概指的是手淫吧。

强行孩子改掉习惯并不能根除这个习惯。唯一能够根除这个习惯的方法就是让孩子自己失去对这个习惯的兴趣。被允许手淫的孩子远没有那些被禁止手淫的孩子那么沉溺于此。

责打手淫的孩子，只会使他继续做这种事。绑住幼儿的手会让他成为终生手淫的性变态者。所谓的恶习并非恶习，只是一种癖好。它之所以被贴上"恶习"的标签是因为家长对这种癖好的无知和仇视。

正确的家庭教育会不会和学校的错误教育相抵触？

基本上是这种情况。家庭的影响要比学校的大。一个在家没有惩罚、自由的孩子不会认为学校是对的。

家长应该告诉孩子他们认为不好的学校是什么样的。事实上他们往往对老师有着近乎荒谬的忠诚，即便是对学校里最蠢的老师也是如此。

你怎么看童话？怎么看圣诞老人？

孩子们喜欢童话，童话本身又能规约孩子。

至于圣诞老人，我认为我们不必为此困扰，孩子们过不了多久就会知道他的真相。但是圣诞老人却和婴儿的诞生有着奇怪的联系。那些想让孩子相信圣诞老人的家长通常会在小孩怎么生出来这种事上撒谎。

我个人是从不对孩子讲圣诞老人的。如果我讲了，我猜那些4岁大的孩子都会嘲笑我的。

那些对任何事都没有持久专注力的孩子，他们一会儿喜欢音乐，一会儿又转而喜欢跳舞，一会又转向其他事物，你会拿他怎么办？

我不会去做什么。这就是生活。我小时候，一会儿喜欢摄影，一会儿又迷上书籍装帧，继而对木活感兴趣，后来觉得铜器也很有意思。生活就是对这样那样的东西感兴趣。我画钢笔素描好多年，后来我意识到自己已经到了艺术专业十级的时候，我放弃了画画。

孩子往往在爱好上有所选择。他会把所有事情都试个遍，其实这也是学习的过程。我们学校里的一些男孩会花上一天的时间造船，但如果哪天有个飞行员来做客，同样这些男孩又会扔下没造完的船去造飞机了。我们从没建议一个孩子应该把他的工作做完，如果他已经对这个没兴趣了，那么强迫他去做完就是不对的。

该不该讥讽孩子？你认为这对培养孩子的幽默感有用吗？

没有用。讥讽和幽默没有什么联系。幽默源于爱，讥讽则出自仇视。讥讽孩子会让孩子自卑，觉得自己低人一等。只有那些差劲的老师或家长才会讥讽孩子。

我的孩子总是问我该做什么，该玩什么，我该怎么回答呢？给孩子一些关于玩耍方面的建议是不是不好？

让孩子去做一些有意思的事情对孩子来说很好，但也不是非要这样。对孩子来说，他们自己主动要去做的事就是最好的事。所以在夏山，没有哪个老师会建议孩子该做什么。老师只会在孩子做事过程中寻求技术指导的时候才去会提供帮助。

我儿子逃学，我该怎么办？

我猜是因为学校太沉闷，而你的儿子又很活跃。

概括地说，逃学就说明学校不够好。要是有可能的话，你可以把孩子送到一个有更多自由、更多创意、更多关爱的学校。

我儿子往家具里钉钉子，我该怎么办？

从他手里拿走锤子，告诉他这是你的家具，你不能让他破坏并不属于他的东西。

如果他还是要钉，那么，亲爱的女士，你就把家具卖了，去看看心理医生，他会帮你弄明白你是如何把你的孩子变成问题儿童的。一个开心、自由的孩子是不会想去破坏家具的，除非家里只有这么一样可以用来钉钉子的东西。

要想阻止这种破坏，首先第一步就是往家里弄些木头和钉子，最好不要弄到客厅。要是你儿子不要木头，他就是要往家具里钉钉子，那就说明他恨你，他想要激怒你。

对一个爱闹别扭、快快不乐的孩子，你怎么办？

我也说不好。我在夏山没见过一个这样的孩子。自由的孩子身上不会有习惯性闹别扭这种情况。孩子闹别扭往往都是家长造成的。如果你持有一种爱孩子的态度，你就不会做出让他闹别扭的事。爱闹别扭的孩子心里有怨气。我作为校长的职责就是弄明白他为什么有怨气。我猜想是因为他觉得被冤枉了。

我6岁孩子的孩子画那些不堪的画，我该怎么办？

当然是去鼓励他。但同时要清理你的房间，因为家里任何一点淫秽的东西肯定是从你们那里得来的。孩子自己不会天生就淫秽的。

就是因为你自己对生活有着淫秽的态度，才使你从他的画里看到了淫秽。我只能想象这些淫秽的画肯定和浴室或是性器具有关。你很自然地去处理这些东西，不要去谈什么对与错，孩子这种暂时的兴趣，就像孩子对别的事情的兴趣一样，总是会过去的。

为什么我的小孩总撒谎？

有可能是从父母那里学来的。

如果两个孩子，弟弟和姐姐，一个5岁，一个7岁，总是吵架。我该用什么办法让他们停止呢？他们彼此都很喜欢对方。

是吗？是不是母亲更偏爱哪个孩子？或者他们是在模仿他们的家长？还是有人让他们对自己的身体内疚？他们挨罚吗？如果你对所有这些的问题的回答都是"否"，那么他们吵架是为了行使权力，这是一种正常的欲望。

但是，姐弟俩还需要和那些与他们没有情感依恋的孩子相处。孩子需要对照其他的孩子来评价自己，但他不能对照他自己的兄弟姐妹，因为他们之间有各种各样诸如嫉妒、偏心之类的情感因素。

我怎么办才能阻止我的孩子不吮大拇指？

别去阻止他。即便你成功地阻止了他，你很可能又把他推回到吮吸之前的状态了。这有什么大不了的呢，很多能干的成年人也都有吮吸手指的习惯。

吮吸拇指表明孩子对母亲乳房的依恋情结还没有结束。既然你无法给一个 8 岁的孩子喂奶，你所能做的就是尽可能让你的孩子的创造性有更多的发挥机会。即便这样，也无法彻底根除这个习惯。我见过一些有创造力的学生直到青春期都在吮拇指。

随他们去吧。

怎么做才能让孩子不再邋遢？

为什么要让他改掉邋遢呢？大多数富有创造力的人都是邋遢的。一个人的房间和桌椅堪称典范的话，那这个人通常是一个很乏味之人。我发现 9 岁之前还一直比较整洁的孩子，到了 9—15 岁，这些孩子可能又变邋遢了。孩子们意识不到邋遢，以后需要他们变得整洁的时候，他们就会整洁的。

我的孩子 12 岁，他就餐前不肯洗手，我们该怎么办？

你为什么觉得洗手这么重要呢？你有没有想过孩子的洗手可能是你自己心理问题的投射？你这么关注他干净不干净，你确定这与你对他道德上不纯洁的担忧没关系吗？

别数落孩子了。相信我的话，你无聊的变态会导致你个人主观上对它过度关注。只因你觉得不干净，你才会夸大干净有多么重要。

你非要他干干净净出现在餐桌——他有一位富有的玛丽姨妈，而且在共进晚餐时她会因为孩子的干净整洁就留给外甥一笔财富——除非能发生这样的好事，否则最好的办法就是不让他洗。

怎样让一个 15 个月大的孩子远离炉火？

弄一个炉档。但你可以拿孩子的手指稍微被烫一下，让他明白炉子是怎么回事。

孩子多大的时候，家长可以允许他喝酒？

在这一点，我也拿不太准，因为我好酒。我个人喜欢论品脱大喝啤酒，喜欢来杯威士忌，我也喜欢葡萄酒和白酒。我绝不是什么酒鬼。但我也很怕酒精，因为我知道在我年轻时它害我害得有多厉害。所以，我不倾向给孩子喝酒。

当我的小女儿要尝尝我的比尔森啤酒或是威士忌的时候，我也让她尝。她一尝啤酒，就歪着脸说："不好喝！"尝了威士忌，她说："好喝"，但她没再要。

在丹麦，我见过一些很会自我节制的小孩子们要喝柑桂酒，每个人都得到了一大杯，而且喝了个底朝天，但他们没再要。我记得有一个常常在潮湿阴冷的天气里赶着马车来学校接孩子的农夫，他总是带着一瓶威士忌，给每个孩子都分上一些。我的父亲痛心地摇头说："记住我的话，他们以后都会变成酒鬼。"他们长大后全都成了禁酒主义者。

每个孩子早晚都会遇到喝酒的问题，只有那些不能应付生活的人才有可能喝多。当我以前的学生回到夏山，他们会去附近的酒吧聚会，喝个痛快，但我从没听说有谁喝酒无度。让人觉得很不合乎逻辑的是，我不许学生在学校喝烈酒，尽管有些人认为应该让孩子们自己去了解喝酒。

孩子不吃饭，你怎么办？

我不知道。夏山还没有过这样的孩子。如果有这种孩子，我会马上怀疑他是在挑衅父母。曾经有一两个孩子因为不肯吃饭而被送到我们这里，但他们在学校里从没有绝食过。

如果情况很棘手，我会认为孩子可能在精神上还处在没有断奶的阶段，那我们就试着用奶瓶喂他。我也怀疑可能家长执意非要孩子吃他不想吃的东西。

四、关于性

如何定义色情？

这个问题不太好回答。我认为色情应该指的是对性以及其他人体的正常功能持有猥亵的态度。一种类似于那些受压抑的男生跑到黑暗的角落里在墙上写那些色情文字时那种挤眉弄眼、偷偷窃笑的罪恶感。

绝大多数的有关性的故事都是黄色的，而且讲的人总是给自己辩解说这个故事并不是因为故事里面下流的内容让这个故事好看，而是因为其中的智慧和幽默。就和大多数的男人那样，我也讲过听过上千个色情故事。但我现在回想起来，里面只有一两个我认为值得再讲的。

我发现擅长讲色情故事的人通常都是些性生活不如意的人。每个色情故事其实都是压抑的结果，这么说似乎有些打击面太广，难道那样就意味着所有的幽默都是压抑的结果了。当我看到卓别林穿着睡袍往两英尺深的水里跳时，我会大喊，但我在跳水方面并没有压抑。幽默存在于任何荒谬的场合，不管与色情有没有关系。

当今社会，我们没有哪个人能在是否属于色情中间清楚地划条界限。当我还是个学生时，许多所谓的"旅行故事"很吸引我，但现在我认为其中99%都不过是粗俗的色情故事。

总的来说，色情只不过是性加上负罪感。爱听喜剧演员讲那些暧昧的故事的人都是在对待性的态度上受了不健康的影响：大人们在给孩子讲有关性的事情的时候，他们自己也停留在挤眉弄眼、见不得人的阶段。

如果所有的孩子都对性保持自由原始，大人的污秽对小孩子也起不了什么作用；但数百万的孩子对性还是无知的，有罪恶感的，那些色情男女只会使他们更无知，负疚感更加重。

什么样的性行为是不妥当的？

只要双方都觉得开心，没有什么性行为是不妥的。只有当事人并非都觉得很享受时，性才会不正常，变得扭曲。

得体的性，也就是受约束的性，是与婚姻联系在一起的。即便是那些认可父母性生活的男孩和女孩，当他们去想象他们的父母在进行各种性游戏时，也很容易被吓到。

社会当权者早已将性生活斥为色情、淫秽之列，他们的追随者自然也这样认为，因而他们不敢纵情于性生活。要是他们真的这么做了，那他们就很可能就会在翻云覆雨享受那种被禁的偷欢的同时，情感上却在经历着强烈的煎熬。

对温柔的有爱的性来说，没有什么是不妥的。

为什么孩子会手淫，我们该怎样制止他们？

我们将孩子的手淫和成人的手淫加以区分。孩子的手淫其实并不算是手淫。它是出于好奇。孩子认识了自己的手、鼻子、脚趾头，妈妈会开心地夸孩子。但当孩子认识自己的性器官，妈妈赶紧把他的手拿开。这种做法的最大作用就是把性变成了人体最有意思的部位。

孩子的性敏感部位是嘴唇，当小孩子没有经历这种道德上的制止之前，他们很少注意他们的性器官。如果一个小孩子手淫的话，那最好的办法就是由他去，因为那时，他就不会不正常地强迫性地非要去那么做了。

对于到了青春期的孩子，允许他手淫会减少手淫。但要记住：性需要宣泄，而因为婚姻总是很久以后的事，因为年轻人总要等到他们买得起房子的时候才能结婚。那么这些性已经成熟的人就面临着两种选择：要么手淫，要么秘密性交。这两种选择都遭到了道德家们的谴责，但他们又不能提供其他的选择。当然，他们倡导的是贞操，这就意味着肉体的痛苦。但既然只有很少数的僧侣能一直这样经受肉体上的痛苦，其余的人还是不能不去给性找条出路。

即使到了婚姻不受经济因素制约的时代，手淫还会是个大问题。我们的电影、小说勾起年轻人的性欲，从而导致手淫，因为他们无法得到适当的性。每个人都手淫过这样一个事实于事无补。开放式婚姻似乎成了唯一的出路。但既然性总是和罪恶联系在一起，这显然不可能成为解决这个社会问题的办法。

但是，我们再回到这个问题：告诉孩子手淫没有什么罪过。如果你已经对孩子撒了谎，声称手淫会造成得病、发疯等后果，那么你就勇敢地告诉孩子你撒了谎。那个时候，而且只有在那个时候，手淫对他才开始变得不那么重要了。

我的女儿 12 岁，她喜欢看淫秽书刊，我该怎么办？

我会提供给她我能买得起的所有的淫秽书刊，然后她就会觉得没有意思了。

但她为什么会对污秽刊物这么有兴趣呢？她是不是一直在寻找一个你一直没有告诉过她的性的真相。

一个 14 岁的男孩谈论性的事情，你会不会责骂他？

肯定不会，我会给他讲比他知道的更精彩的故事。大多数的成人都会讲性事。我还是个学生的时候，一个牧师给我讲了一些很不错的性事。对性的兴趣进行谴责纯粹是伪善。

讲性事是一种性压抑的直接结果。它把一直被道义上的罪恶感憋在心里的压抑宣泄了出去。如果给性以自由，那么大多数性的故事也就寿终正寝了。我是说大多数，因为性是人固有的兴趣。

谁该给孩子性的教育——老师还是家长？

当然是家长。

五、关于宗教

为什么你反对宗教教育？

这个嘛，在所有原因中，其中一个是因为在我和孩子们相处的这些年中，我发现特别神经质的孩子就是那些严格的宗教家庭带大的孩子。正是这种严格的宗教教育夸大了性的重要性。

宗教教育对孩子的心理有害是因为宗教信徒在很大程度上认同原罪的思想。犹太教和基督教都仇视肉欲。传统的基督教过多地让孩子意识到应该对自我不满意。在我还是个苏格兰男孩，在我很小的时候就被告知我处在地狱之火的危险之中。

有一次，一名9岁的男孩来夏山就读，他来自英国中产阶级家庭，家境很好。下面就是我和他的对话。

"上帝是谁啊？"

"我不知道。但是，如果你乖的话，你就可以去天堂；要是你不听话，你就得去地狱。"

"地狱是什么样的地方呢？"

"黑糊糊的。里面的魔鬼们很坏。"

"我明白了。那什么样的人会去地狱呢？"

"坏人，比方说，咒骂上帝的人和杀人犯。"

教孩子把渎神和杀人画等号，去让这两者都受到永无止境的惩罚，到什么时候我们才能意识到这样的教导是多么荒唐？

我让那孩子给我描述一下上帝长什么样，他说他不知道上帝长什么样。但他向我保证，他是爱上帝的。当他说他爱一个他不知道长什么样、他也从来没见过的人的时候，他只是在老调重弹、毫无意义。真实情况是他**惧怕**上帝。

你信基督吗？

早些年前夏山来了个孩子，他父亲是未经按手接受神职的准牧师。一个星期日的晚上，我们大家都在跳舞，准牧师摇着头感慨道："尼尔这地方多棒啊，这真是个好地方，但是为什么，噢，为什么，你却是个异教徒呢？"

"布朗，"我回答道，"你这辈子就站在肥皂盒前告诉别人如何被救赎，你是在谈论救赎，我们是在实践救赎。"

不，我们并不是在刻意遵循基督教，但从更广的意义上来说，夏山大概是全英国唯一的一所用耶稣赞成的方式去对待孩子的学校。在南非，基督教加尔文派信徒打孩子，这与罗马天主教的牧师打他们的孩子一样。而在夏山，我们给孩子的是爱和赞许。

怎样给孩子们关于基督的启蒙知识？

上帝是谁？我不知道。上帝对我来说意味着我们每个人好的一面。试着去讲一个连你自己也觉得模糊不清的人，这样做是弊大于利。

你会不会说咒骂是对上帝的不敬？

孩子咒骂牵涉性和身体的自然功能——这和上帝无关。对于一个把上帝当做神圣的人物、把圣经奉为事实的教徒，你很难去和他讲道理。如果上帝被描写为一个仁爱之人，而不是一个可怕之人，没有人会对他不恭敬的。解决亵渎神明最好的方法就是让我们的神有爱心、通人情。

六、关于心理

每个人都会不可避免地成为一个神经质的人吗？

对于弗洛伊德发现的这个惹人注意的问题，答案就是自我调节。每位分析家肯定感觉到，即便是隐约感觉到的，如果病人曾在婴儿时期就能自我调节，那么花在分析病人上面的时间根本就是不必要的。我说隐约感觉到，是因为我们不可能对什么事是完全有把握的。

我女儿，是在自由的氛围中被带大的。也许哪天她得去找分析家，说："医生，我需要治疗，我有父亲情结。我厌倦了别人总把我介绍成A. S. 尼尔的女儿。人们对我的期待太高，似乎他们认为我应该是完美的。那老家伙已经死了，但我还是不能原谅他把我写进他的书里。那，现在，我要不要躺在这个沙发上面？⋯⋯天知道⋯⋯"

仇恨自我是什么样的表现呢？

孩子的自我仇恨是通过反社会的行为表现出来的，吵架啦，坏心眼啦，坏脾气啦，搞破坏啦。所有的自我仇恨都会被投射出来，也就是说，被转移到别人身上。

私生子的母亲会谴责他人的性放纵。多年来试图对孩子手淫进行管教的老师会鞭打孩子。自认圣洁的、性压抑的老处女会散布他人的性丑闻，这其实是自我仇恨的表现，所有的仇恨都是自我仇恨。

迫害犹太人的人是那些仇恨自己的人。在多种族的社区，你会看到这样的现象。好望角的有色人种，和欧亚有色人种一样，要比白人更难以忍受当地人。

为什么那么多的成人都对他们学生时代时的严师感恩？

主要是想自夸一下。开会时，有人站起来，说："我小的时候曾被老师打过，但这对我很有好处，"他实际上是在说："看，我现在是成功人士，尽管我，甚至正是因为，我早年曾挨揍。"

奴隶是不会真正想要自由的。他还没有能力去欣赏自由。外在的清规戒律把他们变成了奴隶、下等人、受虐狂。他们拥抱自己的锁链。

七、关于学习

你不赞成学拉丁语或数学，那么，你觉得该怎样开发孩子的心智呢？

我不知道什么叫做"心智"。如果说数学或拉丁语方面的专家，也同时拥有伟大的心智，这样的现象我倒是没注意到。

你反对高等数学，这是不是影响了夏山学校的孩子不学数学？

我从来没有跟孩子们谈数学。我自己很喜欢数学，我常常做几何和代数题，就是为了好玩。

我反对孩子学数学是这种情况：数学对孩子来说太抽象。几乎所有的孩子都讨厌数学。尽管每个男孩都理解 2 个苹果，但很少有孩子能理解 x 个苹果。

另外，我反对数学和我反对拉丁语和希腊语一样，对那些将来要在工厂修车或是卖袜子的人来说，二次方程有什么用呢？简直是疯了。

你赞成布置家庭作业吗？

我甚至不赞成学校里的功课，除非那是孩子们的自由选择。教师布置家庭作业的习惯是很糟糕的。孩子们讨厌家庭作业。就冲这个，家庭作业就该被谴责。

第六章　有关今日夏山学校的问与答

佐薇·尼尔·里德黑德
Zoë Neill Readhead

如果夏山学校的孩子从来都不来上课，你会不会担心？

是的，我会有些忧虑。如果一个孩子对什么事都根本没有兴趣，这在夏山学校是不常见的。但是，我们也确实发现孩子们有时候对大人们觉得他们该感兴趣的东西并不感兴趣，比如阅读和写作，也或者是他们还没有发现让他们真正感兴趣的事情。有时，孩子们忙于自己长大成人，他们暂时还没有准备好进行正规的学习。

为了更好地管理孩子们，同时也为了保证我们能更多地满足孩子的需要，我们采用了一种称作"特别关注名单"的系统。我们把所有新入校的学生都列入这个名单来查看他们适应情况。等他们已经在这里待了一个学期之后，我们会决定是否该把他们的名字从名单中划出去还是该继续关注他们。

除了新生，学生列入"特别关注名单"的主要依据并不是他们的上课出勤率。有些学生是由于特定的行为问题或情绪问题而上了"特别关注名单"。关于这一点，我们有很具体的标准。如果学生仅仅因为我们称作"不真实"的理由而不去上课，那他们的名字才会保留在"特别关注名单"里面。

真正不去上课的原因可能是由于：暂时没有兴趣，忙于别的事，总是玩球、没有时间学习，或者仅仅是为了享用这份自由选择的权利。如果我们觉得确实是这种情况，那么我们就把他们的名字从名单里面划掉。

非真实的理由可能包括：过去的经历使他害怕教室，害羞，觉得功课难，害怕失败，有特定的学习上的困难等。如果是这种情况，我们就会继续关注并提供策略。

对待特别关注名单上的孩子，我们有着不同的策略。有时，谈一次话看看我们是否满足了他们的需求就足够了，或者也许提供某种方式的鼓励——或许是单独补课，或许是谈他们觉得舒服的特殊的话题，直至他们觉得有足够的信心回到教室。我们的策略也许并非都能在短期内奏效，但是我们提供的帮助是无条件的，无论是否他会回到课堂。

由于你们夏山学校没有必修课程，那就意味着 5 岁大的孩子也能决定是否去上课。这么小的孩子怎么能明白他们将来的生活需要什么？

有谁能认定 5 岁的孩子就该学习？大多数人都认为孩子在这个年龄就该读书、认字、学数学了，但在夏山学校我们要说：更重要的是要学会自信地决定、公平处事、发挥自己的创造力，或者只是去享受在这个年龄段孩子们富于想象力的游戏的乐趣。

当然，我们知道基础技能是很重要的，我们的低年级教室尽可能优先安排这些课程。但是，我们也不会担心，我们认为孩子们会对那些他们自己选择学习的东西学得更快、更开心。比如说，识字晚也没有什么大碍。有些孩子就是不关心阅读能给他们带来什么，他们更愿意等到有个激励他们的动机，他们才去奋起直追。就算是我们已经认定这是个顶重要的事，我们也没有权利去为孩子作决定。我们所能做的就是给些忠告，提些建议，仅此而已。

夏山学校的孩子对于他们要做什么有自己的选择。在这个过程中，他们理解了无数别的学校花费大量时间试图教给孩子的那些不胜枚举的品质的重要性，诸如责任感、创造性的思维、同情心、果敢自信、团队合作能力等。

还有，且不说别的，孩子们在夏山学校学习要比在大多数别的校园环境里注意力集中得多。从尼尔 1921 年创办学校以来就实施的非必修课程，我们了解到，如果他们能自由选择自己要学的东西，他们会怎样学习。

比如说，一些年纪较小的孩子会有段时间觉得在教室里学习很痛苦。也许一天、一周或者一个月后他们又回来了，他们知道为什么来学，会使孩子们学得惊人的快。孩子们还会利用各种不同的方式进行学习，比如角色扮演、打仗游戏，哦，是的，甚至还有恐怖的电脑游戏。

夏山学校的孩子从不会埋怨学校没给他们提供很好的教育——他们清楚我们都应对自己的学习负责。而且对于你学习想要学的东西，什么时候去学都不晚。如果学习的乐趣没有被过多来自外界的压力破坏的话，学习其实是一种终生的技能和享受。

你的谈话涉及了夏山学校的理念和它所倡导的自由——但是你没有谈那些孩子们离校后是否成功？

成功这个词是很难界定的。说到底，什么才是成功呢？是财富，是成就，还是幸福？我们每个人都有自己的衡量标准。夏山学校的孩子们认识到自己是什么样的人，能够为自己的未来订立合理的目标，从而免于受到大多数墨守成规的教育观念所带给他们的压力。

对那些要走学术性道路的学生，我们的老师会支持他们，同样那些想走其他路线的孩子——可能是手工，艺术，戏剧，运动，或者是别的什么——我们也会全力支持。

从夏山毕业的人中有艺术家，演员，科学家，医生，记者，教授，护士，雕刻家，按摩师，作家，影星，外科医生，摄影师，农场主，旅馆老板，商人，企业家，慈善工作者，音乐家，歌手，厨师，本书的编辑——这个单子列也列不完。他们中有各种各样的人。但最重要的是，他们都是善良的人。

那些还没有找到他们特定目标的学生在夏山也会得到成人的支持和尊重。重要的是他们自己觉得那样挺好，他们知道无论他们决定将来干什么，他们都能够把握生活。

一所学校，不管它有多好，也不能去创造一个成功人士，只有孩子他们自己才能去创造，也只有他们自己才能决定他们将来会不会成功。

夏山如何对待吸烟问题？

我认为吸烟是我们这个时代的一大悲剧。成百上千万的人认为吸烟有益，是一件好事情——但它会有害孩子们的健康，甚至会危及生命。

但吸烟是我们这个时代的一部分，我们无法逃脱。香烟就在那儿，孩子们能去买，能去吸——比大多数大人们想的年龄早得多。

就像对待吸毒问题一样，我认为我们要用知识武装我们的孩子，为他们提供帮助，别总因为他们要做的决定而评判他们。

吸烟开始主要是出于一种叛逆。我知道并不是所有的孩子都明显地叛逆，但许多孩子是在某些小的方面体现他们的叛逆——这和我们小的时候一样。你吸烟的时候，是在向自己和别人清楚地宣称："看，我甚至可以干这么危险的事情——而且没有什么人能够阻止我！"

问题在于吸烟会形成习惯，还会上瘾。一开始，你是觉得好玩——但当你想戒掉它的时候，对绝大多数人来说，它就成了一个困难的问题。

"'自由'的孩子很有判断力，他们不会去吸烟"，要是我能这么说就好了，但很不幸，这不是真的。

在夏山吸烟在学生自治机构的管理下，也就是说，由学校自治委员会制定规矩和处罚办法。

我个人希望一个无烟学校——但我也很了解现实的情况是，强制把吸烟变成地下活动，只会使吸烟者与学生群体疏远，使他们成为一个隔离的团体，导致更严重的问题。

夏山是很反对吸烟的，但不绝地禁止吸烟这种现象。孩子和成人吸烟都免于吸烟有害的谴责，但我们也让他们了解清楚很多健康的信息。目前，只有14岁以上的孩子能吸烟，而且只能私下在外面吸。他们吸烟的时候不允许小孩子靠近。所有的成人也必须遵守这一准则。当然，16 岁以下的孩子不许买香烟，学校也对此认可。所以对那些给其他低年龄的孩子买香烟的行为会被罚款。

关于吸烟的罚款相当重——未经允许吸烟的要被罚 5 英镑，在大楼里吸烟要被罚 10 英镑。

在学校留意吸烟带来的健康问题的同时，也尽量避免不把吸烟看得很严重，那样只会助长孩子们为了显示勇气，或者为了在别人眼里显得很酷去尝试吸烟。我们从来没有把孩子集中起来讲吸烟的事，只是对罚款进行了投票表决。

有段时间，我们所有人每学期都要看反对吸烟的片子，不管我们想不想看——但学校的那条规定被废除了。还有，几年前，有个男孩建议在整个学校都不许有人吸烟，而且，这条建议被执行了——但不久，在接下来的一次会议上，因看到员工和孩子站在路边吸烟，这条规定又作了变动。

我个人对夏山的孩子吸烟的观点是：他们中很多人以后都会在将来某个时间停止吸烟。他们中很少有人看起来像是烟民——我当然很希望是这种情况。有一点很有意思：在我母亲办这所学校的时候——当时严禁吸烟——那时吸烟的学生似乎和现在学校里吸烟的人数差不多。

比起尼尔的时代，吸毒问题在当今变得更为严重。现在夏山学校如何对待大麻、摇头丸、快克之类的毒品呢？其他学校的情况表明，这些毒品学生很容易搞得到。

作为夏山的负责人，我每晚都能安睡。我从来不用担心孩子们在做吸毒或是其他有潜在危险的事情，因为这种事太少见了，孩子们都很懂事的。

显然，我们无法让吸毒在夏山合法化，即便我们想这样。因为我们必须要遵守当地的法律，所以这种事不在自治会议讨论之列。

我们时常谈到毒品，也谈那些和他们有关的事情。我们尽量做到坦诚，从各个角度去看待这个问题。事实是大多数的年轻人都会在人生的某个阶段尝试某种毒品。我们认为那种大惊小怪、厉声叫骂毒品的邪恶和危险的态度并没有用。那种传统的、说教的、不愿妥协的、或听不得不同意见的成年人，只会彻底让年轻人疏远他们。比起那种做法，不如做个年轻人愿意与之交谈的能接近的人。

作为夏山的校长，作为四个孩子的母亲，我感觉我必须用意识和力量来武装年轻人，使他们能在毒品面前作出对他们最好的选择。他们需要坚强，去作出自己的选择，而不是受太多外界的影响。他们需要对娱乐和危险的上瘾之间的区别有清醒的认识，而且要认为作为一个人，这样做很有意义。我个人更希望没有毒品、没有香烟，但它们确实是存在着的。我们必须要面对这个现实，并尽可能理智地对待这个问题。

当然，偶尔也会有一些年纪大一些的孩子用一点兴奋剂——但他们最终总会被发现。对他们的处罚是遣送回家待四个星期，而这是他们确实不喜欢的。当然，他们并不是不喜欢回家，而是不高兴在学期当中错过一段在学校的时间，这是他们所不喜欢的。

我是负责这种处罚的人。我时常对那些涉及处罚的孩子们的反应惊诧不已。他们从来没有过憎恨或是其他不良的情绪。他们的态度就是"这样做是有道理的，该认罚"。这就是他们应该承担的后果。他们通常会对离开学校一个月这件事很难过，同时也为他们如此愚蠢而难过。

看到孩子们能如此成熟地对待这件事，我觉得这才是真正的教育。我很尊重这些年轻人，校外的人看到他们也会对他们同样尊重的。

学校对孩子上网有没有特别的限制，比如像别的学校那样让孩子定期上网？

关于这个问题，我们经常在学校自治委员会上讨论的是：校外机构总是对我们的取向表示难以理解。每次讨论这件事，争论的主要观点是：学校在这方面根本没有什么问题可以讨论。在我们夏山学校使用电脑网络的这么多年以来（我们是最先提供上网的学校之一），我们没有什么"网络保姆"程序或者什么别的限制上网的举措。学校有规定要保护年纪小一些的孩子不看那些恐怖的或者不适合他们的东西，但除孩子们之外的其他人可以看他们想看的任何东西。

当然，校方保证每个人都能通过讨论和提示，普遍意识到网络安全的问题，比如，聊天室的安全等。

我们的做法类似于倾听忏悔。如果有可能，多数孩子都会去看那些大多数成年人认为对孩子"不好的东西"。很多孩子身上都发生过这种事，不管他们的父母或学校喜欢不喜欢。当然，这种事情最好能发生在一个支持他们的环境，他们能谈论他们看到的东西，他们会觉得安全、舒适，而不是被罪恶感所困扰或者当他们被什么事吓到或感到难过时无人倾诉。

我记得很多年以前，有个大约12岁的男孩子装成16岁的孩子去看电影。那部电影里有一些特别下流的强奸镜头。这个孩子看到的东西对他影响很大，但他径直回到学校和他的宿舍管理员详细谈论了这部电影。因为他并不羞于说自己很心烦或者谈论强奸行为带给他的困扰，所以他能成功地摆脱这种困扰，直到他觉得他的心理能承受，而且感觉比较轻松。

我认为这件事很清楚地反映了夏山的孩子与大人之间的这种关系，反映了夏山的大人是如何做到和孩子讨论那些在其他学校或家庭的孩子看来很少能和大人去谈的事情。

孩子们在学校使用手机吗？

在夏山，我们没有专门制定使用手机的规定，尽管我们建议家长最好不要给孩子手机，因为那样会多少使得孩子们在集体中的社交发展迟缓。

问题出现最多的时候，就是他们有段时间每次在学校里一有事就给家里打电话。他们不是去面对问题、解决问题，而是把他们的父母当成了"知心大姐"——而这只能让父母不安，因为他们实际上也帮不上什么忙。这也阻止了孩子行使他们在夏山的个人权利。但最后，孩子们总能解决好。而且，要不了多久，他们就融入了这个集体，也能更合理地使用电话了。通常，年纪小一些的孩子会与宿舍管理员通电话，而且只是偶尔打一打。

学校里的孩子很多都有手机，但他们也根本没有制造出什么麻烦来。几年前，我们确实出过一件事。当时，有一个早已不再夏山就读的学生，他是因为个人原因离开夏山的，他开始用手机给他还在夏山的老同学发一些令人恶心的短信。这给其中的几个人造成了一些焦虑。但当我们写信告诉了这名学生的母亲之后，这件事很快就结束了。

我们不得不制定了一些新的规定来禁止学生在规定的就寝时间后打电话，年纪大点的孩子对这些新规定表示欢迎——特别是针对与已离校的老同学保存联系的规定——但是这样一来，各个年龄段的学生使用手机的次数受到了限制。

我认为发信息对读写能力有困难的孩子大有帮助。发信息为他们提供了一个他们以前未曾有过的练习写作的动机和兴趣。电子邮件也是同样如此。我相信电子邮件的使用已经非常普遍，在别的学校和家庭都很普遍，但我不能确定的是这种观点在多大程度上得到普遍认可。

A. S. 尼尔夏山信托基金会

注册号码：英国慈善1089804

英国政府曾威胁要消灭尼尔的理念，要关闭夏山学校。在这场斗争中，夏山学校强调其在英国以及海外的重要性，得到了来自全国乃至全球的广泛支持。事实已经很清楚，夏山已经不仅仅是一所具有独特理念的、经得起时间考验的学校，而且也是仍活跃在世界教育史上。

夏山一直想吸收更多的学生，而且不受经济条件的限制。尽管夏山学校这些年来常这样做，但由于成本的上涨以及其他对额外基金的新的需求，都使得夏山向这些家庭提供经济援助变得越来越困难。如果学校要继续办下去，它就必须能够承受得起现代生活带来的新的开支和花费，比如健康和安全的要求以及保安和师资等方面的要求。

成立A.S.尼尔夏山信托基金一方面是出于为需要帮助的地方募集基金，以使更多的孩子从这种经历受益。

有很多孩子和家长喜欢夏山的这种经历，但却无力承担学费。对他们的援助并非是为了让他们受益于私立学校的教育，而是为了给孩子和家长选择学校体制的自由，让他们能选择一个合乎他们理念的学校。目前，国家还没有为想来这所学校的父母或孩子提供基金。

信托基金会成立的目的之二是为了推广尼尔的著作与实践以及夏山学校在当代的做法。尼尔被英国《泰晤士报》（教育副刊）（*Times Educational Supplement*）评选为20世纪12位最重要的教育家之一。在世界教育舞台上，我们需要不断提升夏山学校的国际意义与历史意义。

信托基金会工作的这个第二个目的将着重于尼尔提出的很多观点。比如关于孩子如何学习，处于权威地位的大人们该怎样对待孩子们和年轻人，以及在学习过程中游戏的重要性等等。这一工作的另一个重要方面就是广泛地向全世界的学界证实了真正的民主进程作为积极的学习经验所带来的益处。

85年多以来，尼尔和夏山对英国本土及国外的教育系统产生了重要的影响。信托基金会要继续延长这项工作。而若要达成这一愿望，就必须获得捐款。

为信托基金会捐款可以通过支票方式向A.S.尼尔信托基金会捐款；也可通过网上用信用卡方式捐款，网上捐款地址是www.summerhillschool.co.un；也可以直接捐款。

选择向（Gift Aid）这种方法对信托基金会进行捐款，您可以将额外收入提供给基金会，我们不再向您额外收费。您捐出的每1英镑都会额外获得25便士。

请告知我们您愿意用哪种方式捐款。

A. S. Neill Summerhill Trust

Hill Farm

Theberton

Leiston

Suffolk IP164TD

电话：+44（0）1728830030

传真：+44（0）1728830540

电子邮件：trust@summerhillschool.co.uk

出版　人　　所广一

责任编辑　　何　艺

版式设计　　郝晓红

责任校对　　贾静芳

责任印制　　叶小峰

图书在版编目（CIP）数据

夏山学校的百年故事：献给当代的教师、校长和家长／（英）沃恩编著；沈兰译．—2 版．—北京：教育科学出版社，2014.12

（2023.3 重印）

（世界教育思想文库）

书名原文：Summerhill and A. S. Neill

ISBN 978-7-5041-9048-2

Ⅰ．①夏…　Ⅱ．①沃…　②沈…　Ⅲ．①夏山学校—校史

Ⅳ．①G639.561.8

中国版本图书馆 CIP 数据核字（2014）第 246832 号

北京市版权局著作权合同登记　图字：01-2014-8287 号

世界教育思想文库

夏山学校的百年故事：献给当代的教师、校长和家长

XIASHAN XUEXIAO DE BAINIAN GUSHI：XIANGEI DANGDAI DE JIAOSHI、XIAOZHANG HE JIAZHANG

出版发行	**教育科学出版社**			
社　　址	北京·朝阳区安慧北里安园甲 9 号	市场部电话	010-64989009
邮　　编	100101	编辑部电话	010-64989421
传　　真	010-64891796	网　　址	http://www.esph.com.cn
经　　销	各地新华书店		
制　　作	北京广联信达文化发展有限公司		
印　　刷	保定市中画美凯印刷有限公司		
开　　本	720 毫米×1020 毫米　1/16	版　　次	2014 年 12 月第 2 版
印　　张	13.25	印　　次	2023 年 3 月第 8 次印刷
字　　数	181 千	定　　价	46.00 元